komawa

komawa
Ingo Lehmann
Martin-Opitz-Str. 20
13357 Berlin
www.komawa.de
0178 5560403

Ingo Lehmann
Traumberuf Mensch

Imperialistische Gefangenschaft

Stille bedeckt Dunkelheit, um mich herum unbeleuchtete Groß-
stadtfickkabinen. Sie spiegelten sich leblos, obszön im regen-
nassen Granit, im frischen noch dampfenden feuchten Hundeschiss. Die auf mich scheinbar traumatisierend, immer schneller herabstürzenden Häuserschluchten ließen mich meine
Schrittgeschwindigkeit dynamisch beschleunigen. Der gefühlte Weg ins heimische Labyrinth erschien endlos, mein Leben
ebenso unendlich und belanglos. Eintretende Gedankenlosigkeit machte in diesen Lebensmomenten Platz für meine Schick-
salshingabe, nahm mir die Angst vor dem Leben. Die in mir
schwebende Gleichgültigkeit, wohlgemerkt, keine Hoffnungs-
losigkeit, ließ mich an meinen Lebensbewegungen bewusst teilhaben, entfremdete mich von meiner Überwachungssucht, vernichtete meinen Kontrollinstinkt. Das Leben floss ohne meine
Zensur an mir vorbei. Ein unbekümmertes Lächeln verzierte
mein Gesicht. Ich fühlte mich wie nach dem pressenden Stoß
aus der Mutterscheide und dem kurz darauf folgendem Todesschuss durch die auf mich wirkende Realität der menschlichen
Ohnmacht, kurz vor der beginnenden, bewussten Fähigkeit,
ihrer Analyse. Meine Ahnungslosigkeit, was morgen ist, ließ
es mir gut gehen. Es war ein bisschen Leben, ein bisschen Sterben, ein weinig Angst, ein wenig Mut. Was ist, war egal. Ich
bin, was ich gerade tat, mehr nicht. Die große Schuld trug die
gefühlte Einsamkeit nach gewaltiger Kommunikation bei Bier,
Schall und Rauch.

Zum Schein wurde die Einsamkeit durch ein vorbeifahren-
des Blechmobil durchbrochen, bestückt mit zwei darin sitzenden, laut Musik hörenden, mit Drogen betäubten, Lustgeilen.
Waren sie vorbei gerollt, an ihrem Ziel angelangt, ging irgendwo
ein Licht an in der Stadt und sie werden ihren Arbeitsvertrag
für ein Stück Leben riskieren. Während sie in den Morgen fick-
ten, dachten sie an nichts anderes außer an das, was sie taten.

Nur ihre Triebe bestimmten ihr Gegenwartslebensspiel. Gott, Deutschland, Krieg, Luxus, Lenin, Popmusik, Aids, der Tod und das Leben der Anderen sind in der Ekstase ihres natürlichen Lebensmenschenspiels ausgeblendet. Mehr musste und sollte nicht geschehen. Außer sie verlieben sich. Dann beginnt ihr Leben von vorne, egal wie alt, krank, arm oder abhängig sie vorher von irgendetwas waren oder sind.

Andere Gestalten bewegten sich um den Kissingenplatz, als Sportler verkleidet, im Laufschritt an mir vorüber. Sie hinterließen den lächerlichen Geruch des Wunsches nach Unsterblichkeit. Sie verlaufen ihr Leben, um lebensverlängernd laufen zu können. Es sind die angenehmen Fanatiker. Sie laufen vorbei und sind weg.

Weitere Bewegungen blieben aus. Dem Leben im Laufschritt begegnet, wurde ich wieder zum Beobachter, zum Beurteiler, zum Kontrollmenschen über das Leben, was neben mir vorüber zog und mich von meiner Gedankenlosigkeit, die das Leben erträglich macht, ablenkte.

Mit hochgeschlagenem Mantelkragen, zum kleinbürgerlichem Gedankengut zurückgekehrt, mit dem inneren Komplex, nicht erkannt zu werden, befand ich mich kurz vor dem Zieleinlauf meiner allein beherrschten Ruhestätte für die nächsten zwölf Stunden oder länger. Abgesehen davon, der eigenen Todesbekanntschaft dann zeitlich näher zu stehen, registriere ich die beruhigende Gewissheit, dabei keine Verpflichtungen oder Lebensziele zu verschleißen. Dieser Gedanke stimulierte in mir spontan ein Glücksgefühl, das mich erwärmte, inmitten von kalten Formen und Funktionen. Ich fühlte mich wie ein Werbemodell einer norddeutschen Bierbrauerei, nur unabhängiger.

Frierende Einsamkeiten, die erste Zigarette unter der Hausnummernleuchte gierig inhalierend, mit Leinen und sich nach Freiheit quälenden Hunden daran, traten aus Hausfluren, bevor sie sich zur Pflichtschicht quälten, um ihre Statussymbole abzuzahlen.

Die Fußläuferampel der Fernverkehrsstraße zeigte rot, die gegenüberliegende Seite eine Bekanntheit. Es war Gernot der Schlagersänger, bierbeträufelt, frierend, erfreut winkend, als er mich durch den uns trennenden Smog der Hauptstadt erkannte. Grüner Ampelmann, wir trafen uns auf der Mitte der Asphaltpromenade. Er stellte sich mir in den Weg. Gernot ist ein wenig kleiner, auch jünger als ich und diktatorisch veranlagt. Ein Markenzeichen seiner komplexüberfrachteten Persönlichkeit.

So geschah es auch bei unserem Erstkontakt inmitten einer unterhaltsamen Party in einer feuchten Erdgeschoßwohnung in Berlin, Prenzlauer Berg. Er schob sich ständig zwischen mich und einer großen, jungen Schönen, die für mich kalorienarm kochen wollte, irgendwann. So stand er, laufend Bier holend, zu uns aufschauend zuprostend, bis meine Aufmerksamkeit mehr ihm als der Hobbyköchin galt. Warum? Ich weiß es nicht.

An Gernot kam ich auch an diesem Morgen nicht vorbei. Aufschauend, dicht vor mir stehend, hauchte er wie ein Souffleur, Bier trinken zu wollen. Er wog den Kopf im Wind hin und her, schob die Unterlippe dabei entstellend hervor und nickte spontan, kurz.

Vierzehn Jahre nach Inbesitznahme der DDR durch die Dauerbesatzungsmacht BRD bot sich hier im Nordosten Berlins eine Einkaufsmeile der Ölmultimilliardäre in fast allen Bauhausfarben. Vom blauen Tresen trugen wir die Sechserpackungen direkt in mein Heim. Die geringe Distanz zum blauen Lieferanten ermöglichte uns auch im fortgeschrittenen alkoholisierten Zustand, den Beschaffungsakt bis zum Morgenlicht mehrmals zu wiederholen.

Die Obszönität unserer Gespräche war vergleichbar mit den Themen dieser Welt. Wir klassifizierten unsere Stellung innerhalb der Gesellschaft, gruppierten uns in soziale Schichten, Machtverhältnisse, materielle Lebensbilanzen und damit verbundene Berufsbilder. Hemmungslos vernichteten wir stapelweise Sechserpackungen und redeten über die Nostalgie unseres Lebens, als wenn es keine Gegenwart oder Zukunft gäbe.

Zwei junge Männer, um die vierzig Jahre jung, im rückwärts gewandten Palaver, wie es sonst nur alte Menschen im »Ruhezustand« tun. Unser vergangenes Leben mit unfreiwillig wechselnder Staatszugehörigkeit bot genug Stoff zum Reiben und überstrapazierten Lebensgeschichten. Es schien der Gemein-

samkeitsmoment zu sein, gegenwärtig keiner konkreten Beschäftigung nachzugehen und es als Genugtuung, ja als ein
Gewinn an Lebensqualität, zu betrachten. Wir liebten unsere
Unabhängigkeit, vor allem die damit verbundene relative Freiheit. Nur konnten wir mit ihr nicht viel mehr anfangen, als
Sixpacks zu stapeln, massenhaft zu urinieren, zu kotzen und
immer größere Haufen von Scheiße in den Raum zu reden. Es
war die Definition von Unlebendigkeit, die zum Himmel stank.

Um unseren Rausch nicht fliehen zu lassen, bewegten wir
uns zu Anton S., erwarben Schaumwein mit Rotkappenver-
schluß, steuerten das Tonstudio von Gernot, der sich auch Mu-
sikproduzent nennt, wie nie alt werdend wollende, gemäßigte
Punks an.

Hinter einem zwei Meter hohen massivem Stahltor in unserem Pankower Dorf, das nach der Wende die Bau- und Müll-
entsorgungskultur eines Entwicklungsterritoriums angenommen hatte, verbarg sich nach Überbrückung eines von Schlag-
löchern übersäten Hofes ein alter Pferdestall, jetzt Tonstudio
von Gernot und Künstlergemeinschaft anpassungswilliger
neuer und alter Ostrocker. Der Geruch von aufsteigender
Mauerfeuchtigkeit, altem Männerspei und Latrinengestank
stieg in mein Sinnesorgan. Zum Kloprovisorium musste ich
mich über zufällig angeordnete Skulpturen leerer Weinfla-
schen und Bierdosen kämpfen, um breitbeinig über ihnen stehend pinkeln zu können. Den schweren Vorhang mit bizarrer
Hand wegschiebend sah ich sie bildhaft auf den Kunstleder-
polstern sitzen. Einfältige, dünnhaarige Jogginghosenträger
der Vokuhila Generation, das nächste Covermusikprogramm
besprechend, für eine Hand voll Euro sich als Vollhorste ins-
zenierend, dabei heimlich vom Erfolg von Rammstein träu-
mend. Dort saß die ehemalige Ostrockerelite, neben den in
die neue Kulturzeit hineingewachsenen Amateuren. Gemeinsam arbeiteten sie an ihrer Wiederauferstehung als Arbeiter,
an ihren Musikinstrumenten oder an ihrer Erstentdeckung.
Es war ein Kampf für Geld und Ruhm, ein täglicher Kampf
mit der legalen Droge Alkohol, sowohl auch anderen illega-
len Drogenglückskurzbeschleunigern. Die monströse Ausstrahlung der Räumlichkeit paarte sich weder mit Kreativi-

tät, Ideenreichtum oder Selbstfindungsprozessen der Musizierenden. Das ursprüngliche urbane Flair dieser Räumlichkeit wurde mit Polyester, Kunststoffoberflächen, konfektionierten Pressspanmöbeln vernichtet. Die Wirtschaft wächst mit diesen kurzlebigen Erfindungen von schlechten Designs und Materialen. Handwerkliche Raffinessen und die ursprüngliche Schönheit der Gebäude, geht gleichzeitig verloren. Lediglich die noch im Mauerwerk integrierten Leinenösen für das Vieh erinnerten an die weit vergangene Nutzung.

Das Erscheinungsbild von Gernots Musiktollhaus ist Teil der Anpassung an die verkündete Modernität der Massenwerbung und des damit zwangsläufig einhergehenden Massenkonsums. Der im Unterton vermarktete Slogan ›kauft ohne nachzudenken sinnlos unseren Mist‹ funktionierte also auch bei Individuen, denen außer Musik und Drogen alles scheißegal ist, vielleicht aber auch genau deshalb. Gelebte Individualität, Improvisation und der damit zwangsläufig geforderte eigene Geist werden nicht gefordert und sind auch nicht erwünscht. In der Ellenbogenrepublik statt Regenbogenrepublik freut sich die Hoheit über ein dummes, kaufgeiles Volk.

Jedoch erkennt man an der fehlenden Detailtreue und der Unfertigkeit der Verarbeitung des kapitalistischen Warendrecks im ehemaligen Stall von Stuten und Hengsten, dass die Rockerclique entweder im letzten Drittel der Innendekoration zu betrunken war oder die Sinnlosigkeit dieser beworbenen Maßnahmen erkannt hatte. Beides wird wahrscheinlich zutreffend sein. In diesem Fall waren es die Handschriften von Rockmusikern, ohne beeinflussende weibliche Gesellschaft. Ein reiner Männerclub mit hohem Anteil an Vollwertalkoholikern. Obwohl es hier nichts Liebevolles oder emotional Begeisterndes gab, fühlte ich mich sicher aufgrund meines hohen Promillepegels in der unästhetischen Traurigkeit und Unvollkommenheit recht wohl. Vermutlich wurde hier noch nie etwas richtig bis zum Ende produziert. Hier begegnete ich der Stimme der Erfolglosigkeit, der geankerten Gleichgültigkeit, die erträglich bleibt, so lange der Stromzähler tickt und genug Drogen vorhanden sind. Mit Melancholie, Bier, fettigem Haar, den dazu

11

gehörigen Rockmusikproben widersetzte man sich dem menschenverachtenden Erfolgsdruck des beschissenen neuen Zeitgeists.

Einerseits verständlich und sympathisch, andererseits sicher keine Lösung bis zum Ablauf des Lebenshaltbarkeitsdatums.

Die unerträglichen Neiddebatten, begleitet vom Kampfgeschrei in den kleinbürgerlichen Spießerimmobilien vor dem hohen Stahlhoftor, schienen hier weit entfernt. Hier hatte ich das Gefühl, nicht zu denen zu gehören, zu denen ich gehöre. Zu den kleinbürgerlichen, den willig Erfolgreichen, den Angepassten, die alle gesellschaftlichen Massenlebensrezepte ohne Bemühung des eigenen Intellekts aufsaugen und befolgen.

Die Deutschen als Nation der diplomatischen Schleimer, der Weggucker, der Arschkriecher, der Nichtdenker, der emotional Verwahrlosten, der Egoisten und Phlegmatiker. Ein Volk von Lebensversicherern, Kapitalanlegern, Reichtumverwaltern und verantwortungslosen Schmarotzern. Der Deutsche als der ewige Sklave, seiner Gier nach Wohlstand, Perfektion und Macht. Unser Vater ist der Kapitalismus. Unsere Mutter ist eine an Syphilis erkrankte Hure, die ungeschützt, nymphomanisch veranlagt, mit ihrem Herrscher und allen erfolgverheißenen Leitwölfen, trotz aller Gefahren für die Gesellschaft, immer weiter fickt.

Zwei Rotkäppchen waren im nu verschlungen. Ich fragte Gernot, wo in kürzester Nähe Bier zu beschaffen sei. Beim Vietnamesen, gleich rechts vor dem Tor! Sofort pilgerte ich mit einem Discounterkunststoffsack zum Kiosk, zu unseren schon in der DDR eingebürgerten Altkommunisten aus Vietnam, ließ mir die Tüte bis zur Zerreißprobe füllen. In der DDR wurden sie territorial zentralisiert, wo ich sie nie im Land oder in der Hauptstadt Berlin getroffen hatte. Sie hatten ihre Hand für ihr Produkt im Produktionsprozess der kommunistischen Ideale verschlissen. Heute stehen die noch hier Gebliebenen in vierundzwanzig Stunden Schichten, um ihr Überleben im Superstaat Deutschland abzusichern und spenden den sozial Schwachen, Gestrandeten, Einsamen und Lebenskünstlern ein Stück Wärme mit ihrem Lächeln, ein billiges Bier, dazu einen Entenschenkel zu Sozialkantinenpreisen.

Bier und Wärme nahm ich dankend entgegen, trug den Biersack in die Isolation der Rockgiganten. Die Wärme erfror unter der depressiven Aura des Pressluftstalls. Ich fühlte mich emotionslos und leer wie beim Betreten Westberlins 1989, nach Öffnung des antiimperialistischen Schutzwalls. In mir manifestierte sich Verständnis für Alkoholkranke, Drogenabhängige, Fresssüchtige, Sexbesessene und andere Suchtabhängige im neuen großen Land, Deutschland. Ihre Emotionalität, ihren Gerechtigkeitssinn und ihre Sensibilität für Wahrheit kann diese scheinbar demokratisierte Gesellschaft, gesteuert aus künstlich wirtschaftlichen Motiven, nicht befriedigen. Die dadurch motivierten lebensverneinenden Gefühle lassen sie ihren Ausweg in der Sucht suchen.

Ich öffnete ganz schnell eine Flasche Bier, stellte dabei fest, dass ich mich nach dreizehn Jahren imperialistischer Gefangenschaft und erfolgreicher blinder Systemgefolgschaft der scheinbar freien Möglichkeiten für das Volk, gedanklich im Monat November der interpretierten ›demokratisch‹ friedlichen Revolution befand.

Gernot forderte jetzt betrunken, energisch einen Text zu seinen zwischenzeitlich gemixten synthetischen Musiksounds. Wir zogen im Alkoholrausch und Bewusstseinstod noch ein paar Spuren durch, bevor wir uns in unsere vermeintlich gesellschaftlich entkoppelten Hängematten zur Tagesruhe legten.

2
Lebenszeitvernichtungsmaschine

Im Höllenlicht des Morgengrauens am Tag danach fühlte ich mich wie ein Hurensohn, immer noch die Sounds vom Vortag hörend, wie Orgasmusschreie von Mätressen. Eine Textzeile im Hinterhirn ›Trau dich, baue dir ein Floß und fahre einfach davon‹ erscheint mir halbnüchtern, grotesk aber auch sehr poetisch.

Ihr kennt das sicher. Erkenntnisse, die Euphorie von Ideen während des Alkoholmissbrauchs sind nach einer durchzechten Nacht spätestens nach dem ersten Blick aus dem Fenster und der Ganzkörperstrahlwasserreinigung unwiederbringlich in der Kanalisation verschwunden. Der realitätsvernichtende Konsum von Alkohol hat seine Wirkung verloren. Zumindest die traumatisierte Hoffnung bleibt in Bruchstücken erhalten, die sich nach jedem weiteren unkontrollierten Promillekonsum zu einem Ganzen addieren. Ganz sicher möchte ich hier nicht zum unkontrollierten Alkoholkonsum animieren, sondern als einundvierzigjähriger feststellen, dass ich meine Pubertät nicht ausleben konnte, daher mich wieder in ihr befand oder es hoffte und dementsprechend deutete.

Die Suche nach einem neuen Traum hatte begonnen. Ein Höllenwahn der Gefühle zu Lebenszeiten, in einem deutschsprechenden Zwangsvereinigungsland mit von ihm selber völlig unterschätztem Entwicklungspotential, und gerade aus diesem Grund.

Der Tod wird wunderbarer sein als das Leben. Erkenntnisse wie diese lassen mich den Optimisten in mir erkennen, den Kultassistenten der Lebenden in mir entdecken, als Überbringer der Botschaft, das Leben gelassen zu gestalten, mit einem Quäntchen Ironie und Unversehrtheit zu würzen, und dahin zu träumen, dahin!

Eine andere Chance wird euch nicht widerfahren, mit absoluter Sicherheit nicht. Euer Leib wird euch immer verfolgen.

Ein bisschen Herz, ein bisschen Leber, ein bisschen Sack, ein paar Eierstöcke, ein bisschen Hirn, eure Seele sollte immer gegenwärtig sein. Wer seid ihr, wo befindet ihr euch, seid ihr das, was ihr tut.

Der Rest, der von mir nach der Ernüchterung übrig blieb, sitzt im Morgenmantel uniformvollendet, aus dem Fenster schauend. Ich verfolgte den Verkehr der Straße, der Ader der Hauptstadt, des scheinbaren Lebens, dem Automatismus des Seins.

Umso weiter ich mich von der Monotonie des geregelten Lebens entferne, vom immer wieder kehrenden Tageskampf um die prall gefüllten deutschen Fleischtöpfe, desto lebenszerstörender empfinde ich sie. Meine Beobachtungen suhlen sich einerseits in Lethargie, anderseits fressen sie aufkommende gúte Lebensgefühle in mir auf. Vollendete Ziele scheinen unvollendet, katapultieren mich wartend ins Abseits. Ich erwarte den Ruf, der den sich dahin quälenden Automatismus bricht. Der Traum ruft nicht, aber mein Telefon. »Herr Lehmann?« »Ja!« »Der Song ist nicht der Hit!« »Dann belassen wir es bei einer neuen Lebenserfahrung, Gernot.« Was machst du Gerade?« »Nichts!« »In Ordnung, ich komme vorbei.« »Ist Bier da?« »Nur Leergut!« »Bringe Vollgut mit, soviel du tragen kannst.«

Zehn Minuten später hielt eine Taxe vor dem Haus, der Kofferdeckel sprang auf. Gernot hievte einen Kasten teuren Nordpils aus dem Heckteil der deutschen Automarke. Schnell ist er! Unter der Last von Zwanzig im Kasten, den Körper eingeknickt, den Kopf senkrecht haltend, die Augen weit nach oben gerichtet, durch die bereits offene Haustür wankend, stand er im Erdgeschoß und ließ sich keuchend in mein Sofa krachen.

Gernot ist einunddreißig Jahre alt. Direkt unter einem meiner stählernen Kunstwerke sitzend.

Mein Büro war konsequent mit Bildern und Skulpturen dekoriert.

»Gernot, du sitzt unter dem Kunstwerk mit dem Motiv ›der bürgerliche Exzess‹!« »Passt hervorragend zu unseren kleinbürgerlichen Themen. Der bürgerliche Exzess der Einsamkeit, in Zweisamkeit.« »Herr Lehmann, mir ist schlecht, mein Körper tut weh, lass uns schnell zur Linderung noch diese Pilsner trinken, dann mach ich erst mal eine große Pause.« »Was machst du nach der Pause?« »Ich weiß es nicht.« »Aber ich weiß es. Du wirst das Gleiche tun wie vor der Pause.«

Insofern sind wir drin, in der Lebenszeitvernichtungsmaschine. Einmal Mensch werden und zurück. Glück hat, wer Mensch ist und sich dessen bewusst wird. Das menschliche Lebensspiel, ist ein Gegenwartsspiel ohne Zukunftsdenken. Vergangenheit wird dazu ohne Lehre als Spielregel missbraucht. Wenigstens lässt dieser Spielzug mich noch unterschwellig an das Gewissen der Menschen glauben. Es ist die Manipulation sehr Weniger, über fast Alle und Alles. Gewissensanalysen und deren Erkenntnisse werden in niederen Kulturen körperlich vernichtet. In höheren Kulturen werden sie korrumpiert oder dem materiellen Überlebenskampf ausgeliefert.

»Herr Lehmann, deine Art zu denken ist der Inhalt, meine Musikproduktion die Form. Ich komponiere, du schreibst die Texte. Lass es uns probieren.«

Unsere lallenden Worte verstummten unter nach den Basstönen scheppernden stählernen Kunstwerken der lauten Musik. Wir sackten schlafend, synchron zusammen.

Es ist das Jahr 2003, in dem der russische Vater der Atombombe und Physiker Witali Gingsburg für seinen Beitrag zur Theorie der Supraleitfähigkeit den Physik-Nobelpreis erhielt.

3
Alltagslabyrinth

Durch laut grollendes Lachen wurde ich geweckt. Paul stand, unsere sechsstündige Pause störend, im Zimmer. Die Haustür war immer noch geöffnet.

»Lehmann, das ist echte Männerfreundschaft! Ich befreite mich aus dem Armgeweih Gernots.«

»Hallo Paul, das ist für dich der Traum einer Männerfreundschaft. Gernot hingegen träumt den Traum vom Rockstar, von fetten Gagen und vielen Ficks. Ich träumte vom gegenwärtigen Zustand unserer Gesellschaft, in der das menschliche Bewusstsein zum Verbraucherorgan kategorisch verreckt ist. Dieses neue Pseudobewusstsein musst du dir wie einen fetten, dreckigen, wunden Arsch vorstellen, der nur noch das raus pressen kann, was er vorne rein gesteckt bekommt. Was rauskommt, ist bekannt. Nichts als Scheiße, in allen Konsistenzen und Brauntönen. Es ist die Farbe der im Unterbewusstsein verkappten Ideologie von Volksherrschaft von wenigen über alle, die als altes, neues Gespenst im neuen, großen deutschen Land, unsichtbar, aber kontinuierlich, geschürt wird. Dem phlegmatischen deutschen Volk wird Kraft durch Freude am materiellen Konsum suggeriert. Unser menschliches Bewusstsein wird entschärft, damit die Urteilsfähigkeit über das objektiv, menschlich Richtige oder Falsche. Nachfolgende Generationen, unsere Kinder, werden ideologisch verbrannt und geopfert, analog die Umwelt, in der sie leben müssen. Generationen von Verbrauchern hat die westdeutsche Seite nach dem zweiten Weltkrieg schon gezüchtet, die ostdeutsche Seite hat das kapitalistische Machtmonopol mit erhobener Hand sowie leichtfertigen Sprüchen voll integriert und das nur, weil die Kommunisten nicht in der Lage waren, das Bewusstsein von ostdeutschen Millionen zu formen und zu schärfen, da sie ihren alleinigen Machtgedanken verfallen waren. Wir lassen uns zu Konsumterroristen formatieren, entfernen uns damit von der Arbeitskraft mit all ihren physischen und psychischen Fähigkeiten zur positiven Veränderung unserer Gesellschaft. Das Volk mutiert zum Allesfresser der Polemiker. Analog entziehen wir uns durch die Automatisierung der Produktion unsere Existenzgrundlage als Basis für eine friedliche Koexistenz aller Erdbewohner. Auf dem Mond ist noch Platz, die Oligarchie trainiert schon den Umzug mit Hilfe derer, die die Mehrwerttheorie immer noch nicht verstanden haben und hier bleiben müssen. Atombunker werden verkauft oder zugeschüttet, da sie im Ernstfall für die wenigen im Promillebereich der Gesamtbevölkerung keinen Schutz mehr bieten, sicher auch in der Vergangenheit nie hätten bieten können. Sie waren lediglich Symbolträger des kalten Krieges. Die Atomwaffenindustrie ist präsent. Grüne kämpfen für die Abschaltung der Atomkraftwerke, für die Eliminierung der friedlichen Nutzung der Atomenergie, aber forcieren den Export deutscher Rüstungsgüter in alle Welt. Damit garantieren sie den Lobbyisten der deutschen Rüstungskonzerne fette Umsatzzuwächse. Erstmals an der Regierungsmacht, verwarfen sie ihre Ideale, vereinbarten im Komplott mit sozialen Demokraten, Kriegs- und Armutsverstärkungsbeschlüsse. Die Umweltideologen sind durch ihre Taten unglaubwürdig, machen nach gutem Start ihrer Partei den gleichen Fehler wie die Pseudokommunisten. Machthungrig, anerkennungssüchtig schauen sie in die falsche Richtung, dazu noch blind und taub. Reaktionärste Strukturen des Kapitalismus verteilen die Grünen weltweit in einer Ehe mit Scheinsozialen, dabei in sich selbst gefangen, in dem Stoff den sie jetzt predigen. Die Oberegomanen der Grünen suhlen sich stolz in Maßanzügen im Machtkoma als Vertreter und Handlanger der Luxuskapitalisten. Sie entsenden deutsche Soldaten in den Krieg und erhöhen die Exportausfuhren deutscher Waffensysteme. Vom Geschrei für den Umweltfrieden, der pazifistischen Randale und den Antikapitalismusaktionen der 68er Grünengeneration ist nichts übrig geblieben.

Nur der Tod befreit uns von Verantwortung. Begebt euch in Trance der Unsterblichkeit. Ihr werdet in euren Kindern und Enkelkindern weiterleben, eine Realität die euch traumatisieren sollte. Der Traum sollte den Glauben an euer Lebensglücksschwein, an die Gegenwartslüge ersetzen.«

»Herr Lehmann, beende deine philosophischen Vorträge, ich finde Geld geil.«

»Geld ist Energie. Paul, ich verstehe das du nicht verstanden hast. Deine Denkweise ist die von Milliarden. Daraus resultierenden Handlungen und Arbeitsprozesse sowie die mit ihr verbrauchten Rohstoffe nebst geistiger Leistung, ist die Energie, die sich eine dezente Menge von Menschen zu Nutze macht. Ich lehne Geld als Ware und Tauschmittel nicht generell ab, aber prophezeie ihm keine dauerhafte, real existierende Glaubwürdigkeit. Der Ursprung des Geldes, seine durch den Menschen unendliche Vermehrung und Manipulation werden es als Ware unkontrollierbar, als Wertmesser einer zerstörten, kranken Gesellschaft und Umwelt unkontrollierbar machen. Ist der Mensch dann noch resistent genug, existiert er noch und mit ihm die Arbeit. Genau das ist die Herausforderung der Menschen es nicht soweit kommen zu lassen.«

Wir diskutierten, während es unbemerkt Abend wurde, im unbeleuchteten Büro. Alle verfügbaren Lampen wurden eingeschaltet. Gernot wurde wach.

»Paul, warum bist du gekommen? Ja, Herr Lehmann, ich wollte dich ins Cafe Carbaty zum Bier einladen.« »Nicht schon wieder«, stöhnte Gernot. »Klar, entgegnete ich, gehen wir am Stadtstraßenrand spazieren, trinken im Anschluss frisch Gezapftes.«

Schnell nestelte Gernot mit seinem Mobilteil herum, bestellte um nicht laufen zu müssen, eine Taxe. Schnell ist er! »Zehn Minuten Jungs, dann ist der Driver hier.« Er lächelte uns gelassen zu, mit der Gewissheit, dass wir uns einreihen werden.

Das Knuspersternautomobil erwies sich nicht als guter Stern auf Berliner Straßen, auch nicht als Freude am Mitfahren. Der zerschlissene Dampfer provozierte meine Seekrankheit, zum Glück funktionierten die elektrischen Helfer der Fensterverglasung.

»Ja, Lehmann, das ist die Wahrheit, lästerte Paul. Wahrheit ist Krieg.« »Paul, du irrst. Ein Krieg beginnt immer mit einer inszenierten Lüge. Die Wahrheit wird erst im Frieden, nach Bergen von Toten, ermordeten Kindern, hingerichteten Schwangeren und alten Frauen, vergewaltigten Mädchen, Gefolterten und Verstümmelten, von denen publiziert und dokumentiert, die sich im nachhinein als Moralisten feiern lassen und im Kriegszustand den Henkerstatus mit einer Dauererektion vollzogen haben. Sie sind in jede Phase integriert, vorne. Für mich sind das ›Hero Rats‹, die Heldenratten der Gesellschaft. Es werden immer mehr.«

Die Taxe hielt vor der urbanen Villa. Der Fahrer hielt mir mit konzentriertem, auf seine Karosse gerichtetem Blick, die Tür auf.

»Alles abwaschbar«, belehrte ich ihn, gab ihm einen Zehner für die Autowaschmaschine. Er bedankte sich. Einer der legeren Typen, sicher hatte er konzentriert unsere Unterhaltung verfolgt.

Den Beiden folgend betrat ich die charmante, patinareiche Fabrikantenvilla ›Cafe Garbaty‹. Mit einem Cafe hatte diese urbane künstlerisch, mit alten verlebten Tischen, Stühlen und Fußböden dekorierte Pinte nichts gemeinsam. Essbares, Kaffee und Kuchen, bekam man hier nicht. Ein reines Glasbiergeschäft, serviert von Männern mit Ganovenfressen und Frauen mit Ärschen wie Skulpturen, Sommersprossen und unrasierten Achselhöhlen, die ordentlich transpirierten. Die Bedienung ist amateurhaft, aber in ehrlicher, menschlicher Art und Weise. Um so voller die Trinkhalle wurde, desto mehr verbreitete sich der weiblich, erotische Schweißgeruch. Es gab eine Bühne, ein zerschlissenes Klavier, Markenbier aus Pressglaskrügen und einen verdammt großen Zigarettenautomaten. Die Bier trinkenden und nikotinvernichtenden, meist männlichen Gesellen gehörten nicht zur Generation ›Golf‹. Es ist eine sympathische Clique von Schlampenfickern, Restefressern und Kampftrinkern, deren Kinder meist bei der Mutter lebten. Alle, liebe Bengels in abgewetzten Lederjacken und Jeanshosen, ohne Klappmesser in der Tasche. Ihre zerfurchten, grobporigen, meist unrasierten Gesichter, vom langen Haar verdeckt, strahlten Lebenserfahrungen der unendlichen Lebensversuche aus, ohne Resignationsnarben zu zeich-

Frauenfeindlich

nen. Alle saßen hier neben dem Geburtshaus ›Maria Heimsuchung‹, weit entfernt vom dekadenten Zentrum Berlins, hatten elektrische Musik und Hopfen im Kopf. Es war ihr Wohnzimmer, kampfbereit, neue Lebenskonzepte zu ertrinken, ohne zu merken, dass es immer wieder die alten waren und sind. Sie hofften abseits von kapitalistischen Bürgerwegen, auf ein Gesellschaftskonzept, das sie bedingungslos akzeptiert, zumindest jedoch toleriert. Es sind Typen, die sich nach dem Pinkeln noch die Hände wuschen.

Das Charisma der Bauhülle, ihrer Innenarchitektur, einschließlich der definierten Stammmeute machte das Trinkzimmer fast unerträglich sympathisch. Hier konnte man noch unkompliziert ein Lebensjubiläum mit eigens dafür hausgemachtem, hierher gebrachtem Kartoffelsalat oder Chili Con Carne feiern. Lebensschwundgefühle oder gar Gedanken von lebensverschwendend gelebten Nächten hatten hier keine Chance.

Gernot hatte sich trotz der gewachsenen Bierfanmeile seitlich hinter dem ersten Viertel des Tresens freundlich durchgekämpft, unterhielt sich mit DJ ›Wolf‹, gleichzeitig Betreiber der Bierboutique, deutete auf die bereits stehend gefüllten Bierkrüge auf dem Tresen. Schnell ist er. Wolf begrüßte mich, dezent lächelnd, als den ältesten Jugendlichen aus Pankow. Alles angenehm wie immer.

Hier sich wöchentlich ein wenig Lebensgefühl abzuholen, ist auch ein regelmäßiges Leben.

Paul stakste eitel durchs ›Garbaty‹, seine hoch gewachsene, schwarz einpackte Figur erblickte ich sofort, noch bevor er sie in einen freien Platz schraubte. Er war der Vernünftige von uns hier. Paul raucht nicht, trinkt nur Alkohol, wenn es am darauf folgenden Tag nichts zu verderben gilt. Als lebenserfahrener Realist schreitet er selbstbewusst, zum Teil grobklotzig durch das neue Deutschland. Meist bewegt er sich unangepasst, rebellisch durchs Privatleben und den Geschäftskriegsalltag. Das macht ihn neben dem großen Menschentrog, gefüllt mit Arschkriechern und nicht denkenden Mitläufern der Gesellschaft, erträglich.

Ich ließ die noch gefüllten Pilsbehälter auf den nackten Tisch, mich in den Stuhl krachen. »Lehmann, du benimmst dich wie ein schlaffer, energieloser Heißluftballon im Abflug in den Totensumpf.«

»Vermutlich benehme ich mich nicht nur so, ich bin drin.« Spürbar bemerkend wie mein Blut kocht, die Körperenergie aus meinen Fußspitzen ausfliest, um den abgewetzten Dielenboden hier zu versiegeln. Es ist die Herberge im meditativen Sumpf der Unvollkommenen, die die leise Massenhisterie der scheinbar funktionierenden imperialistischen Lüge nicht mehr ertragen und ihr Ende kommen sehen, verbunden mit dem Ende der Menschheit. Insoweit bin ich mit einigen Wenigen isoliert, vom gedankenlosen, emotionslosen, materiellen Chaos. Die Kultur der Motivation der Massen, die keine eigenen kulturellen Handschriften haben, ist unerträglich in den meisten Sphären des doch so eigentlich facettenreichen Zusammenlebens. Emotional betrachtet, sind die eigentlichen Gewinner die Verlierer, da sie parallel zu ihrem Wohlstandswachstum ihre Emotionen vernachlässigen. Materiell betrachtet, sind sie die Gewinner über eine große, von ihnen langsam abgenabelte Masse von Kleinbürgern, die sich wie eine unauslöschbare Schleimspur einer Nacktschnecke hinter dem Kapital herzieht. Die Dummheit und Spießigkeit der Kleinbürger wird zu ihrem eigenen Henker werden. Sie bewegen sich egoistisch, unbedacht, unpolitisch. Der Gemeinschaftssinn geht immer mehr verloren, somit die Chance der Änderung der sozialen Lebensverhältnisse, der Schaffung eines positiven Lebensgefühls und positiver Lebenssituationen für alle. Nachfolgende Generationen sind nach ihrer Geburt geistig emotional schon zum Tode verurteilt. Unsere pubertierende Jugend hat keine Inspiration für Lebensträume. Ihre häusliche Erziehung wird durch die gesellschaftliche Diktatur des Konsums und Wirtschaftswachstums ersetzt. Die kapitalistische Ekelphase versetzt sie in ein Zeitgefühl, mit dem sich die beschäftigungsnahe Jugend um die Absicherung ihrer Altersbezüge kümmern soll, ohne zeitnahe Perspektive auf einen Ausbildungsplatz. Funktionell hat die Familie als kleinste Einheit der Gesellschaft ihre werttragende autonome Aufgabe aufgegeben. Systembedingte pure Prostitution des Überlebens ohne Verhütungsmittel, Generation für Generation. Die geistige, sinnliche Impotenz begünstigt die Vermehrung von immer neuen gesellschaftlichen Krankheiten. Lebensqualität wird immer mehr zerstört, menschliche Werte verkommen ins Lächerliche, werden damit chancenlos.

Gernot kam mit Pils beladen, ließ sich und das Glastrio auf den Tisch krachen. »Na Paul, anstrengend mit Herrn Lehmann?« Ohne die Antwort von Paul abzuwarten, zeigte ich mit dem Finger auf Gernot.

»Paul, hier steht ein Stellvertreter seiner Masse. Ein Jäger nach schnödem Mammon und Ruhm. Sie leben nur noch von ihrer materiellen Sehnsucht statt von der Erfüllung, lassen sich zu Wasserträgern der scheinbar Erfolgreichen definieren, in der Hoffnung, ihren Arsch besser verkaufen zu können. Inhalte spielen keine Rolle. Genau das wäre und ist ihre Chance. Eigene Inhalte, ausgesprochene ehrliche Meinungen sind unabdingbar für den Identifizierungsgrad und das Selbstbewusstsein seiner Vertreter, vor allem der daraus resultierenden positiven Ausstrahlung in die Gesellschaft.«

Gernot stieß aggressiv sein Glas gegen meines. »Lehmann, lass uns die Sehnsucht auf ein Bier befriedigen, so lange sie noch voll sind. Lehmann, wir sind hier zum feiern, verschone mich mit deinen Philosophien. Es ist mir zu anstrengend.« »Sicher hast du den falschen Job, lass dich verbeamten, Gernot. Dann kannst du dich ohne Anstrengung in einen Bürocontainer setzen und auf deinen Tod warten. Vorher gibt es noch eine schöne Pension, fertig, farblos ist dein Lebensziel. Tagsüber sitzt du auf arschergonomischen Plastemöbeln. Von siebzehn bis zweiundzwanzig Uhr lümmelst du mit Chips und Pils vor deinem Buntbildschirm, lässt dich manipulieren. Am Wochenende liebst du statt deiner Frau dein Auto unter einem Vorstadtcarport, umgeben von wöchentlich gestutzten Rasenflächen, Friedhofshecken und kaltem Baumarktbeton. Sonntags gelangweilt über den Rasen kriechend, stichst du den Löwenzahn aus, bevor er dir gelbe Farbtupfer in deinem öden Leben schenkt. Den Wohlstandsschutzwall im schmiedeeisernen Design hast du mit ökonomischem Stolz in dem Land gekauft, wo die Deutschen den zweiten Weltkrieg begonnen hatten. Irgendwann komme ich dich besuchen, um dich zu fragen, ob du schon mal gelebt hast? Du wirst mir dein Krankenhaus, deine silbern glänzende Tonne mit Weizenbieremblem zeigen, mit etikettiertem Edelpils um dich werfen und antworten: Mir geht es gut! Deinen Jahresurlaub verbringst du auf Mallorca, singst abends den Eiermann im Ballermann. Täglich wirst du am Strand gammeln, mit der Motivation, dass deine Haut die Farbe von Scheiße annimmt, damit auch Wochen danach im Heimatland jeder sehen kann, was du für ein toller Globalplayer bist. Als deutscher Schnäppchenjäger und Müllsortierer wirst du konservativ zur Wahl schreiten, die deutsche Ordnung und Sauberkeit ankreuzen. Ohne es zu merken, verkommst du zum passiven braunen Butler, gesellst dich zur dumpfen braunen nicht denkenden trägen Masse.«

»Herr Lehmann, mache dir um mich keine Sorgen, ich mach das schon, Prost!« »Wenn du von deinem Weg abkommst bist du richtig, wenn du zurückkehrst, hast du verloren Gernot. Solltest du das schaffen, bekomme ich ein Kind.

Solltest du noch die zwei vor dir stehenden schalen Pilsner schaffen, bekommst du von mir ein Frisches, Herr Lehmann.« »Nicht notwendig, DJ Wolf legt scharfe Platten auf. Ich gehe tanzen.«

Paul verabschiedete sich diszipliniert bei uns, dankte lächelnd Gernot für die Einladung, verschob damit seine auf ein nächstes mal.

Ich tanzte ungezähmt, zertrat dabei die vierte vom Gesicht fallende Brille, verlor den achten Schal und vermutlich die zehnte Mütze. Dennoch tat es mir immer wieder unheimlich gut. Morgens um fünf blickte ich in ein leeres Cafe. Am Tresen saß noch Gernot, neben dem Bierglasgastronom.

»Gernot, ich muss meinen Energiespeicher auffüllen, lass uns am Bahnhof Pankow etwas essen und trinken gehen.«

Wir traten in den Morgenberufsverkehr im Bahnhof ein, bestellten Puddinghörnchen und Milchkaffee an einem dafür installierten Bäckermarkentresen. Dort die Rolltreppen hochfahrenden und in den Untergrund rollenden Menschen erweckten den Eindruck einer immer zur gleichen Zeit wiederkehrenden Kunstinstallation. Wie versteinert standen sie auf den stählernen Treppenförderbändern, in distanzierten Abständen mit unglücklichen, versteinerten Gesichtern. Ich suchte vergeblich den Komparsendirigenten, der den Film des augenscheinlichen Unglücks aufgestellt hatte. Einige Statisten holten sich ihre Requisiten am Kuchentresen in Form von Pappbechern mit Kunststoffdeckeln, bestückt mit Mundstücken wie Schnabeltassen ab. Kaffee im gehen. Sollte jetzt der Regieassistent das Kommando geben, auf ›Los‹ alle Unglücklichen und Frustrierten bitte brüllen, würden wir die über uns hinweg donnernden S- Bahnen nicht mehr hören.

Wir standen wie Voyeure dem ablaufenden Film als lächelnde zufällige Beobachter gegenüber. Alles war jedoch Realität und sicher war es auch Realität, dass wir betrunken waren, daher humorvoll lächelten. Ich fühlte mich wirklich gut, meine Aggressionen hatte ich beim Tanzen abgeschüttelt, ebenso hatte ich meine geparkte negative Energie verbraucht und Platz gemacht für neue, positive Eingebungen. So hoffte ich es und wollte es. Die morgendlichen Beobachtungen gaben mir Recht.

Betrunken stand auf einmal eine Großmutter vor uns, die äußerlich in jedes Märchenbühnenstück gepasst hätte. Von oben bis unten gesund rund, lange silbergraue Harre zum Dutt gerollt, die Bäckchen herrlich rot. Sie war eingepackt in viele Kleider und Kittelschürzen mit Blumenmotiven, darunter sie noch Hosen mit tiefen Taschen trug, aus der sie nach langem Wühlen ein kleines Fläschchen Fusel raus fummelte, um mit ihren fleischigen Händen den Deckel genussvoll zu entfernen um sich den Likör in ihren zahnlosen Mund zu kippen. Ebenso schnell ließ sie das Fläschchen wieder verschwinden und in rhythmischen Abständen wieder hervorkommen. In den Pausen grölte sie, tanzte und sang. Sie erweckte jedoch bei den Passanten keine nennenswerte Aufmerksamkeit. Sicher war sie das morgendliche bekannte Murmeltier. Im Lichtstrahl der Bahnhofsdeckenspots konnte man sehen, wie sie ihre innere Feuchtigkeit in Form von Speichelnebel beim Singen und geschrienen Getöse wie Gift verspritzte. Unter ihren mehrfach übereinander gelegten Kleidern, die ihren massigen Körper verbargen, trug sie eine graue ausgebeulte Trainingshose aus Baumwolle, die am Fußende in Filzstiefel gestopft war. Nachdem sie die Kleider mehrfach schon hochgenommen hatte, um die rutschende Hose hochzuziehen, griff sie in die zerrissene Hosentasche, holte immer wieder enttäuscht eine leere Bierdose hervor, steckte sie gleiche wieder in die Tasche. Plötzlich bemerkte sie, dass ich sie dabei beobachtete. Mit starrem Blick sah sie mich an, nahm das Aludosengeschoß und warf sie nach mir.

»Na Süßer wat jibs zu kieken? Findeste mir sexy, wa? Wenn de mit mir in's Bett jehen willst, musste mir drüben bei den Kiosk ne Dose Bier koofen, besser drei.« »Wo hast du denn dein Bett, Großmütterchen?« »Na wat denkst du denn, Kleener? Logischer Weise steht meen Bett in na Dachgeschoßwohnung mit Außenaufzug, Sonnenterasse und Swimmingpool, am Kollwitzplatz.« »Großmutter, die mir von dir offenbarte Perspektive für den heutigen Tagesablauf lässt mich die Entscheidung treffen, dir Kaffee und belegte Brötchen zu beschaffen.«

Sie unterbrach ihren Tanz, blieb mitten im Gebäude des Bahnhofs stehen und rief mir laut zu. »Denn machet och, Kleener!« Ich stand am inzwischen stark umworbenen Backwarentresen, bestellte einen großen Pott Kaffee, dazu drei belegte Brötchen. Schinken, Käse oder Salami, fragte mich die gepflegte Verkäuferin. In die Bahnhofshalle schrie ich: »Schinken, Käse oder Salami?«

Jetzt erst bemerkte ich, wie ich von den, auf Pappschnabelbecher gefüllt mit Kaffee zum hetzen, wartenden Passanten mitleidig fokussiert wurde. Gernot, ging eilig mit dem Hinweis, Zigaretten holen zu müssen, zum gegenüberliegenden Kiosk.

»Natürlich Schinken, aber ohne Fettrand«, schrie sie im Befehlston.

Ich zahlte, servierte der alten Dame Kaffee in weißem Porzellan, dazu Schinkenbrötchen. Die Passanten begaben sich in den Untergrund mit Pappbechern. Ich lief glücklich nach Hause, um endlich auszuschlafen. Das Großmütterchen setzte sich auf den inzwischen von der Sonne beleuchteten Bahnhofsvorplatz und tilgte ihren Hunger. Dabei strahlte sie unendliche innere Zufriedenheit, in den depressiven Berufsalltagsmorgen, scheinbar als glückliche Laiendarstellerin im Lebensalltagslabyrinth.

4
Delikate fette Mädchen

Irgendwann in der Frühe des nächsten Tages erwachte ich, völlig überhungert. Ohne mich in Kleidung zu legen, kletterte ich die Stiege in das darunter liegende Zimmer hinab, ließ das Licht ausgeschaltet, stand nachdenklich, um mich, an mir runter schauend im eindringenden diffusen Licht der Straßenlaternen. Ich dachte über den Zweck des ungewöhnlich frühen Aufstehens nach. Mein Hunger gab mir ein Alibi und einen Stoß in den Kühlschrank. Zuvor jedoch schlug ich einen Haken zur Musikanlage, schaltete sie an.

Als erstes Bekleidungsstück an diesem Morgen wählte ich die Kopfhörer, pinkfarben lackiert, mit Kaninchenfellbesatz und zwanzig Meter Verlängerungskabel. Diese hatte ich mir anfertigen lassen, um die Nörgelei über zu laute Musik des unter mir wohnenden Herrn Alkyd abzuschalten. Ich schlug drei Eier in die Pfanne, schnitt fetten Speck dazu in Streifen, kochte starken Kaffee, vernichtete parallel dazu einen Liter Orangensaft.

Meine Gedanken tasteten den vorangegangenen Morgen und die Begegnung mit dem Großmütterchen ab, die mich an die anachronistische Hippiefrau Helga Goetze aus Berlin erinnerte. Helga war vielen Berlinern und Touristen ein Begriff, da sie als schrille Aktivistin für die sexuelle Befreiung der Frau kämpfte. So veranstaltet sie seit ungefähr zwei Jahrzehnten zu jeder Jahreszeit Performances an der Berliner Gedächtniskirche mit um den Hals gehängten Transparenten ›Ficken ist Frieden‹. Ihre Wohnung in Charlottenburg hat sie zu einer ›Genitalen Universität, Lehre und Forschung‹ benannt. Sie agierte lautstark und exzentrisch wie das Großmütterchen, nur auf der anderen Seite der Stadt. Beide gaben mir Mut, sowohl die trotz ihrer schlechten sozialen Lage aus dem Osten, als auch die Rebellin aus dem Westteil der Hauptstadt. Ich fühlte mich ausgesprochen glücklich, hatte daher ein entspanntes Lebensgefühl.

Nach dem Essen ging ich zur Körpererleichterung und Reinigung ins Bad, legte mich auf das Sofa in meinem Büro, rauchte und hörte Musik.

Aus dem Fenster schaute ich erst, als ich bemerkte, dass es hell wurde. Vor dem Fenster stand Jakob. Er gestikulierte, nervös mit seinen langen Armen, immer wieder auf seine Armbanduhr tippend, umher. Erschrocken öffnete ich ihm die Tür.

»Hallo, Herr Lehmann, ich stehe schon dreißig Minuten vor deiner Tür und klopfe an die Fensterscheiben.«

Jakob ist Import – Export Dealer, dabei primär im Textilbereich aktiv. Seine Kleidungsmuster trug er, wie heute auch, meist am eigenen Körper. Eine gefütterte, abgesteppte Jacke in lila, aus China, auf deren Rückseite dilettantisch, ein riesiges Antiatomsymbol gehofften war. Eine Bluejeans aus Bangladesch. Turnschuhe aus Portugal kombiniert mit einem roten Pullover, bedruckt mit Trommeln und anderen Schlaginstrumenten aus einer von ihm vertriebenen Designerserie. Auf dem Kurzhaarschopf trug er einen zerschlissenen Strohhut, unpassend zur kalten Jahreszeit. Die Körperüberzieher waren entweder zu klein oder zu groß, in der Farbkombination sehr schrill. Im Gesicht trug er die obligatorische, echte kubanische Zigarre.

Er fixierte mich kurz, tadelte mich. »Lehmann wie siehst du wieder aus? Nimm endlich diese hässlichen Kopfhörer ab, zieh dir was an. Wir müssen nach London!« »Jetzt?« »Ja, sofort!« »Hast du Flug und Hotel organisiert, Paul?« »Brauchen wir alles nicht. Wir fahren mit meinem Porsche, nächtigen bei zwei Nutten.« »Jakob, wäre ein Hotel am Stadtrand von London eventuell preiswerter?« »Lehmann, ich hatte dir doch erzählt, dass sich die eine von unseren Geschäftspartnern spendierte Nutte während meines letzten Aufenthalts vor vierzehn Tagen in London, in mich verliebt hat.« »Ach ja, und du? Bist du auch in sie verliebt?« »Ja, ja, na klar. Nun mach, zieh dich endlich an Lehmann. Genau da fahren wir jetzt hin und du kommst mit.« »Weiß deine, sich mit ihrem Körper prostituierende Geliebte, dass du kommst, dass wir kommen?« »Ja, ja, alles telefonisch geregelt. Auch du kannst bei ihr schlafen. Sie hat ein Haus in London.« »Haben wir einen geschäftlichen

Termin?« »Ja, ja, zieh dich endlich an, Herr Lehmann.« »Ich habe nichts Ordentliches zum Anziehen.«

Jakob ging zum Auto, holte aus dem Kofferraum ein Bündel Textilien, riss die kleinen, an ihnen hängenden Etiketten ab, warf sie in den auf dem Grundstück befindlichen Müllbecher, kam zurück ins Haus. »Hier, zieh das an, schnell. Wir müssen los.« »Das soll ich anziehen?« »Ja, ja logisch, hab ich auch an.« »Siehst ja auch beschissen aus!« »Nun meckere nicht rum, zieh dich an. So nackt kannst du nicht nach London.«

Von Jakob überzeugt, die Klamotten in der Hand, ging ich ins Bad, zog mich an. Zum Glück hatte ich statt der verschnittenen lila gefärbten Jacke aus China einen hellen langen Mantel aus Israel. Die portugiesischen Turnschuhe tauschte ich gegen meine braunen, immer noch gut ausschauenden, alten Lederstiefel. Vor dem Anziehen der Stiefel erspähte ich den Sticker mit dem Hinweis ›Made in GDR‹.

»Jakob, ich bin fertig, ab nach London.«

Jakob, ein 1,92 m großer, schlanker Hektiker saß schon im Auto, betätigte nervös das Signalhorn, während er dabei mit einem Mobilteil telefonierte. Der Motor lief, das Radio ebenso, auf den höchsten Lautstärkepegel eingestellt. ach zehn Minuten überfuhren wir die ehemalige Grenze ›Bornholmer Brücke‹, den Ort, wo vor vierzehn Jahren hunderttausende DDR Bürger nach der Grenzöffnung feierten und lachten, endlich massenhaft Reklame fressen zu dürfen. Es war ein Taumeln von Hirnlosen und Betrunkenen, die es weder spürten noch durch Nachdenken begriffen, das damit die erstmalige Chance für den Aufbau eines demokratischen deutschen Staates mit einer für alle Menschen gerechten Grundordnung vorerst bestattet wurde. Die Masse des DDR Volkes hatte sich wohl nie mit der theoretischen kommunistischen Idee auseinandergesetzt und identifiziert. Sie ist sich auch nicht dessen bewusst, nie auch annähernd in ihr gelebt zu haben. Es war der unbedachte Schrei nach materieller Befriedigung und der damit verbundenen Versklavung von Millionen DDR – Menschen.

Ein Vorwurf an sie erscheint mir jedoch unanständig, da es eindeutig ein Führungsproblem der Staatselitenindianer der DDR SED war. Sie waren nicht in der Lage, die marxistische-

leninistische Theorie intellektuell und rhetorisch im diplomatisch charismatischen Stil zu propagieren. So konnte auch keine Begeisterung, gar Identifizierung für die Umsetzung dieser
Theorie auf das Volk der DDR einwirken, ihr Bewusstsein für
die bessere menschliche Ordnung schärfen, öffnen und letztendlich implantieren.

Der komplexe, langfristige Prozess, dessen Ergebnis ›Kommunismus‹ sein soll, kann nicht nur politökonomisch bewertet
und begleitet werden. Er muss vor allem emotional geprägt
sein, da die Werte der kommunistischen Ordnung nicht nur
gegenständlich sind, ja schon als zum Teil abstrakt gelten dürfen.

Das kapitalistische System kann korrupt, banal, scheinhei-
lig, unehrlich, scheindemokratisch von ihren Machern und
Gehilfen geführt werden, jedoch nur befristet. Sein Marketing-
instrument ist gegenständlich, real, ein rein materielles Wohl-
standsamen für das zu beherrschende, dienende Volk. Der Kapitalismus frisst die Seelen und Hirne der Menschen. Das Denken und daraus resultierende menschliche Fähigkeiten, Fähigkeiten die nur der Mensch besitzt, existieren nur noch in wi-
dernatürlichen gegenständlichen Luxuslebensformen. Spiritualität, menschliche Werte, Emotionalität, ökologisches Denken und Handeln werden psychologisch kontrolliert unterdrückt, da der wirtschaftliche Wachstumsgedanke damit eli-
miniert, das Ende des Kapitalismus besiegelt wäre.

Ökologische Überzeugungen im Brandherd vom Wachs-
tumsgegröle der Umweltdemokraten sind unglaubwürdig,
geradezu lächerlich, da sie nur als wirtschaftlicher Wachstumsmotor begriffen werden. Reale grüne Umweltgedanken werden damit unterwandert. Nur im Gleichschritt von Verteilungs-
gerechtigkeit bestehender Ressourcen kann der ›grüne Eid‹
glaubhaft vermittelt werden. Geld als ökonomische Größe wird
gesellschaftlich völlig überbewertet.

Geld hat keinen Wert, außer das man sich dafür etwas kaufen kann. Das weiß jeder Friedhofsgärtner, der täglich Blumen
auf Totengräber pinnt. Es dient lediglich der menschlichen
Grundreproduktion. Auf diesem Level können, sollten wir es
belassen.

32

Wir haben dann Zeit für unsere Gedanken, Gefühle, sinnlich positive Kommunikation des Austausches und Praktizierung menschlicher Werte untereinander. Nur dann erfahren wir, wer wir sind, was unser Leben lebenswert macht.

Ich prophezeie euch, es wird kommen, das Ende des materiellen Gedankenguts des Kapitalismus. Die ausgebeutete natürliche Umwelt, zu der wir auch gehören, wird uns dabei behilflich sein. Macht euch Gedanken im Sinne eurer Kinder, sofort! Denkt nach, nach welcher systematischen menschlichen Ordnung ihr euch wirklich sehnt, für euch, mit euch, für alle, mit allen und mit welchen menschenwürdigen Ergebnissen. Begeisterungsfähigkeit und Überzeugungsarbeitswille ist unabdingbar für das Gelingen jeder Theorie oder Idee.

Der Sozialismus in der DDR blieb daher ein gescheitertes Experiment bis zur Öffnung der Mauer. Mit dem geführten Dogmatismus hatte er nie eine Chance.

Der Imperialismus hingegen war und ist Realität. Er existiert in seiner menschenverachtenden, zunehmend perversen Regelhaftigkeit, weltweit, wie von Marx und Engels vordefiniert. Für die Deutschen im Osten eine funktionierende Gesellschaftsordnung, die sie selber nicht kontrollieren konnten. Sie wurden fälschlicher Weise ohne Vorwarnung begründungsfrei weggemauert. Rot lackierte Alleinherrscher ließen abseits ihres dogmatischen Führungsstils keine andere Meinung gelten, noch nicht mal aus ihren eigenen Reihen, ihr Todesurteil. Unsere SED-Volksführer waren ganz sicher überzeugte Kommunisten, machten jedoch den Fehler, sich nicht einzugestehen, dass sie aus genannten Gründen keine reale sozialistische Gesellschaft installieren konnten. So verkamen sie zu Polemikern der kapitalistischen Ordnung, auswendig gelernt, in die Hauptschlagader ihrer Hirnwindungen gespritzt. Sie verloren damit an Energie für die eigene Weltanschauung. Entwicklungspotentiale sowie die Anpassung an existierende gesellschaftliche Strukturen und Erfordernisse wurden diktatorisch unterdrückt.

Als vorläufiges Ergebnis fuhr ich in Jakobs Porsche durch eine parasitäre kapitalistische Scheindemokratie, die sich im ersten Drittel ihrer Endphase befand, mal spontan nach London, mit einem Kölner Steuermann, der mit undefinierter Sehnsucht gleich nach der Öffnung der Mauer in die DDR kam.

Jakob gab gewaltig Gas, er hat immer wieder Sehnsucht nach Liebe und Kommerz, nach Geld und einem Fick. Er fuhr unbeteiligt, die vorweihnachtliche Stimmung Berlins und die tausenden einsamen Frauen der Hauptstadt ignorierend, die gerade einsam Frühstücksfernsehen schauten, ihre Menstruation bekamen oder in Bürotürmen saßen, um die anstehende Weihnachtsorgie der Arbeitsgemeinschaft zu organisieren, vorüber. Wir fuhren durch die Hauptstadt der Singles, wo kleine bezahlbare Wohnungen rar sind, meilenweit zu einem Haus am Stadtrand, auf eine Insel.

In den besseren Territorien, wie in dem an der Avus gelegenem Zehlendorf, tranken die Frauen in barockartigen oder postmodernen Villen gerade Champagner zum Frühstück. Sie stecken sich die nur in dieser Jahreszeit erhältlichen Pralinen, gefüllt mit Piemontkirschen, in ihr Geschlechtsorgan, die sie sich von ihrem Schoßhund bis zum Höhepunkt auslecken lassen. Ihre Genitalien reinigen sie im Nachgang mit parfümiertem Feuchtpapier, durchtränkt mit Zimtapfelaromen. In Sanitärporzellanen weltbekannter Designer reinigen sie ihre Astralkörper, wobei ihre Seelen wie das schwarze, dunkle Innere von Abflussrohren, zunehmend vermodert. Aus Angst vor der endgültigen Seelenverstopfung hoffen sie auf eine Befreiung aus ihrer Gefangenschaft der Statussymbole, die sie selbst einmal waren oder noch sind. Die Wartezeit verkommt zum Dauerzustand ihrer Lebensinhalte bis der Tod sie von ihrer stupiden materiellen Arroganz befreit. Mit ihrem einzigen Freund, einem überzüchteten, entwurmten und geimpften Edelrassenhund, tragbar eingebettet in einer Tasche aus Schlangenleder, mit verdreckter Schnauze vom Kaviarfrühstücksschälchen, falsch lächelnd zum Prachtkaufdamm des Westens und holen sich Nachschub aus Lokalitäten, wo die Verkäufer gerne mit dem Hund tauschen würden und es nicht bemerken, dass sie sich schon hechelnd Männchen stehend dem Alphawolf des Großkapitals unterworfen haben.

»Jakob, halte bitte am Rasthof ›Zehlendorf‹ an der Analtankstelle.« »Was wollen wir da?« »Biege bitte in fünfhundert

Metern ab. Du fährst schon im letzten Fünftel deines Tankinhalts.« »He, gut beobachtet, Herr Lehmann.«

Vor allem habe ich mich bei dem Gedanken beobachtet, jetzt hunderte Kilometer mit dem ökogrün lackierten Sportwagen selbst fahren zu müssen, sollte Jakob spontan die Freude am Fahren verlieren.

Ich erwarb eine ordentliche Stückzahl Dosenpils, nachdem hinlegen der Geldsumme jeder deutsche Schnäppchenjäger einem Herzinfarkt erlegen wäre, zu einer Tageszeit, wo die Discount Millionärsbrüder ihre Fresskonsumtionshallen allen sozialen Schichten offen hielten, deutschlandweit. In ihnen werden die Produkte bevorratet, mit denen im kalten Krieg die Westdeutschen die Weihnachtspakete füllten, um sie in den armen Teil ›Deutschland Ost‹ zu senden, als symbolische Geste der Wohlstandsgesellschaft an die armen Kommunisten. Mehr kam nicht, mehr hatten sie nicht. Weder in ihrem wirtschaftlichen Haushalt, schon gar nicht in ihren Köpfen. Vielleicht hatten sie ein wenig Mitleid, vor allem aber dafür die Gewissensbefriedigung in Form des Eintrags in ihr Bundesdeutsches Haushaltsbuch in Höhe von zwanzig deutschen Mark in Klammern vermerkt ›Westpaket für Brüder und Schwestern aus dem Osten‹. Sie waren die Erfinder des Solidarbeitrags in Richtung Osten. Heute sind sie seine Kritiker, nachdem er von hoher Stelle per Gesetz verordnet wurde und direkt monatlich vom Brutto einbehalten wird. Dafür haben sie von uns ein ganzes Land geschenkt bekommen, in dem das ehemalige DDR Volk gleichgültig, widerstandslos seinen Beitrag leistet. Nach einem leisen Krieg der Vernichtung eines sozialistischen Landes und dem vom Volk erwirtschaftetem Volkseigentum wird das gleiche Volk seinen Beitrag zur Reanimierung der Wirtschaft auf seinem Territorium zahlen. Es ist ein hoher Preis für die banal eingebrochene Konsumgewalt als neue Form der Unterjochung im Osten der jetzigen vereinigten Republik. Dafür können wir heute unserer Geschlechtspartnerin genoppte Kondome mit Erdbeergeschmack anbieten und wenn wir keine Lust oder Kraft verspüren, batteriebestückte Kunststoffschwänze in allen Größen in sie reinstecken. Sollte unsere Lust und Kraft nach dem Funktionieren im kapitalistischen Alltagsmüll zu uns zurückkehren und keine lebendige Gespielin gegenwärtig sein, nehmen wir die bei B. Usus bestellte Silikonpuppe. Wir blasen sie auf Lebensgröße, reiten und spritzen sie bis zur Ermattung mit unseren angestauten Aggressionen voll ohne eine Reaktion zu erhalten. Rauchen ist bei diesem Akt abzulehnen, da uns nach herabgefallener Glut der unterliegende Traum zerplatzt und mit ihm die Spermien unser Haar verklebt. Unsere Hirne hingegen hat schon lange vorher der Kapitalismus gefickt. Anschließend gehen wir dann mit ihr gemeinsam duschen, entlassen aus der Dame die Luft, sind wieder allein.

»Na Ingo, alles super, Ingo?« Neben mir an der Kasse stand Jakob, grinste mich an, ebenfalls die hinter uns Stehenden. »Euer Humor ist trainiert oberflächlich, analog eure gespielte Liebe und Lebensfreude. Alle werden dafür hart bezahlen müssen, irgendwann in dieser Pseudokultur des Zusammenlebens.«

Wir stiegen in Jakobs Mülleimer, fuhren auf die Autobahn. »Herr Lehmann, das war Spaß! Da brauchst du doch nicht so entgleist zu reagieren.«

Ich schwieg, öffnete Dosenbier, trank in einem Zug. Jakob lächelte, steckte eine Zigarre in Brand, fuhr nicht unter zweihundert Kilometer pro Stunde auf der linken Spur.

Ich bemerkte Jakobs Druck, welcher auch immer ihm die Gewalt gab, den rechten Fuß als Stellvertreter bis zum Anschlag auf das Gaspedal zu drücken und mit schlechter Manier die vor ihm Fahrenden zu bedrängen. London war noch weit. Ich bereute, die erste Dose Pils bereits getrunken zu haben, so die nächsten zwei Stunden als beigesetzte Opfergabe zu verkommen. Erfahrungsgemäß macht es keinen Sinn Jakob zu belehren, da er in weniger als dreißig Sekunden dem alten Muster wieder verfiel. Mit seinem PS Monster zeigt er allen seinen Mann. Ich sah mich gelangweilt im Cockpit des Autos um, mit dem Ziel, etwas Rauchbares zu erspähen. Zwischen Akten von Diamantenlistungen oder Goldgeschäften lagen wild aufgerissene Zigarettenschachteln in allen Farben, mit verschiedenen Motiven. Holzkisten mit Zigarillos und Zigarren, gefüllte und leere, brachten ein wenig Abwechslung in die Rauchkultur.

Jakob ist ein Typ, der sich im Leben für nichts konstant entscheiden kann, leicht hier an den unterschiedlichen Aromen und Designs der Sorten ablesbar. Er hat keine Statik in seinem Leben. So bewegt er sich auch in der Liebe, in seinen gesellschaftlichen Anschauungen, im Berufsleben und in seinem Konsumverhalten. Als Westdeutscher hatte er von der DDR geträumt, in der er als verseuchter Konsument, nicht hätte leben können. Genau wie er gegen die Kapitalistenschweine, korrupten Politiker und Lobbyisten seiner hinter sich gelassenen westdeutschen Vergangenheit rebelliert, die ihn jetzt auf der Ostseite Deutschlands schon lange eingeholt hatte. Ich denke sogar noch gewaltiger, da siebzehn Millionen Menschen innerhalb weniger Monate im Jahr 1990 mit der Zuversicht, die Deutsche Mark in den Geldbörsen zu tragen, gekauft wurden und erst langsam verstehen, dass sie ihren DDR Glückspfennig besser behalten hätten sollen. Jakob bewegte sich wie eine Krake durchs Leben, er stieß mit seinen langen, scheinbar unzähligen, ständig nachwachsenden Gliedmaßen alles an, ließ es nach erfahrener Berührung wieder fallen. Er konnte glücklich sein, dennoch ohne Vorwarnung in gewaltige Depressionen verfallen. Nahezu monatlich gab er sich in Form von billigen Visitenkärtchen neuen Tätigkeitsträumen hin, die er innerhalb weniger Tage an jeden verteilte, den er traf, irgendwo und irgendwann. Er war sein eigenes Arbeitsamt, er bekam immer einen aufregenden Job, war aber nie eigener Kritiker und Psychologe. Fünfzigtausend Euro konnte er in zwei Monaten verdienen, aber in nur einer Woche wieder ausgeben. Wir kannten uns sicher ein Jahrzehnt, in dem er hundertmal verliebt war, hunderte Freundschaften hatte, auf allen Kontinenten dieser Welt lebte. Wäre er der deutsche Bundesdiktator, würde er den dritten Weltkrieg ausrufen und ohne sein Ergebnis abzuwarten, den Weltfrieden verkünden. Mit Begeisterung konnte er ihm gefallene Frauen bewusst in das an der Ampel stehende Heckteil ihres Automobils fahren, nur um sie kennen zu lernen, ohne seinen in der Police stehenden Haftpflichtbetrag entrichtet zu haben. Bereuend, ehrlich leidet er unter seiner Tat, ganz kurz, um die Autofahrerin nahezu zeitgleich, indirekt zum Geschlechtsverkehr zu bitten. Ich vermute, er hatte eine Menge an kleinen psychischen Defekten, die sich zu einem großen Defekt addieren lassen. Sein überdimensionaler Defekt ließ mich im Alltagskampf oft vor Neid erblassen, da er es mir ermöglichen würde, meine Kleinbürgerlichkeit ohne Anstrengung gewissenlos abzustreifen.

Wie jeder Mensch, war auch ich mit Defekten behaftet. Umso tiefer ich in der Gülle der manipulativen kapitalistischen Strukturen versank, umso bewusster registrierte ich meine damit aktiver werdenden negativen Charaktereigenschaften. Es war der Beginn, die übergestülpte kapitalistische Zwangsjacke, trotz wachsender Neuzeitaggressionsgewalt des zwischenmenschlichen Wettbewerbs abzustreifen und mich vor größeren psychischen Defekten zu bewahren. Erkenntnisse wie diese blieben Jakob bisher verwehrt. Trotz dessen empfand ich ihn, als einen lieben, gutherzigen, vor allem intelligenten Kumpel. Durch zeitweise Distanz war es mit ihm nie langweilig. Das unterschied ihn von vielen anderen, die wir gerade überholten.

So konnten wir auch, in der Zuffenhausener fahrbaren Raucherlounge, vom Anschein her gesponsert durch die Tabakmafia und Bierfabrikanten dieser Welt, schweigend, paffend ins Ungewisse reisen, dabei uns wohlfühlen, ohne Absprache.

In Ostende bezogen wir ein Hotelzimmer, setzten am folgenden Morgen mit der Fähre auf die Insel über. Jakob kam mit der seitenverkehrten Straßenordnung auf dem Weg zum Ziel, seiner geliebten Nutte, sofort zu Recht.

Zuvor fuhren wir jedoch in das Zentrum von London, wo wir mit Jakobs Geschäftspartner ›Frank Bulle‹ zum Essen verabredet waren.

Jakob war ein Navigationsgenie, er fand in jeder Stadt auf Anhieb nach kurzer mündlicher Erläuterung jedes Ziel, ohne nennenswert vom Weg abzukommen. An die Lokalität, die ihr vertilgten Speisen und Getränke kann ich mich nicht mehr erinnern, jedoch an die konstante ansteigende Nervosität Jakobs. Er wirkte unkonzentriert, konnte seinem Geschäftspartner nicht lückenlos folgen. Dies bemerkend, brach Frank Bulle die Audienz, die Kellnerin heranwinkend und bezahlend, ab.

Eilig stieg Jakob, sichtlich erleichtert in seinen Sportwagen, fuhr zielgerichtet, als hätte er schon zwanzigmal die Strecke absolviert, in sein ersehntes Liebesnest, zu dem Vorstadt-reihenhaus einer Prostituierten. Vor ihrem Haus, mit Klinker-fassende verkleidet und kleinen Fensterchen versehen, stand eine große deutsche Edelautomarke, wie sie in Deutschland häufig von Zuhältern gelenkt werden.

Ihr Auto steht da, sie ist da, bemerkte Jakob, scheinbar glücklich. Nervös betätigte er, auf der Stelle trampelnd mehr-fach das für dieses Haus völlig überdimensionierte Klingeltab-leau aus Edelmetall. Ich beobachtete seinen Tanz vor der ge-schlossenen Tür aus dem Auto, mit der Gewissheit, dass sich das kitschige Eingangsbrett nicht öffnen würde, da das kom-plette Haus unbeleuchtet vor uns stand. Nach fünf Minuten telefonierte Jakob, kam ins Auto, teilte mir mit, dass sein ero-tisches Traumweib noch bei einem Kunden verweile und in annähernd dreißig Minuten hier sei. Er startete den Wagen, ließ den Heizungslüfter auf höchster Stufe brüllen, bat nervös um ein Dosenbier. War schon in Deutschland ausgetrunken, informierte ich!

Wir rauchten trocken unsere Zigarillos und warteten auf eine Frau, die gerade den Höhepunkt eines anderen Mannes in London professionell provizierte. Ist er schneller fertig, ist sie schneller hier. Nach fünfundvierzig Minuten hielt auf Höhe unserer überheizten, mit Zigarilloabgasen gefüllten, Zwischen-quartierslösung ein Londoner Taxiauto. Sofort sprang Jakob aus unserer warmen Raucherinsel, öffnete seinem Ziel die Tür. Dem Taxi entstieg ein Weib mit brünetten kräftigen zum Zopf gebundenen Haaren, vergleichbar mit dem Schwanz einer Edel-zuchtstute. Ihre Augen, schwarzbraun und groß wie Mokka-tassen, leuchteten in der Dämmerung. Fleischig rot markieren sich ihre Lippen, dezent angenehm ordinär. Durch den von ihr getragenen Edelpelz kamen die weiblichen Rundungen hervor wie Signale von Leuchtfeuern eines Großstadtairports. Alles wurde getragen von kleinen Füßen in Schuhen mit Centabsät-zen. Phantastisch empfand ich ihr aufrichtiges Lächeln. Das erste Mal verstand ich Jakob, ein wenig. Er freute sich wie ein Pubertierender vor seinem ersten Ritt, schnalzte mit der Zun-ge als Signal des Aussteigens meiner Wenigkeit, um seiner Ero-berung wie ein Schauspieler die Hand zu reichen.

Gut erzogen, wartete ich ihr erotisches Umarmungsvorspiel ab, reichte sodann der Londoner Schönheit lächelnd meine Hand zum Gruß. Jakob stellte mich kurz vor, alles auf Englisch, welche auch die Sprache war, in der er sich mit dem sympathischen delikaten Mädchen bis zu unserer Abfahrt verständigte.

Ich verstand kaum ein Wort, da ich es während meiner polytechnischen Schulbildung in der DDR ablehnte, am Wahlunterricht ›Englisch‹ teilzunehmen. Der Grund ist einfach erklärbar, für mich heute noch nachvollziehbar. Die freiwillige Wahl ermöglichte es mir, da die Englischstunde die erste im Schultagesplan war, mich für eine Stunde längeren Morgenschlaf zu entscheiden. Russisch als Pflichtfremdsprache, das sollte genügen. Wie sich nach der Öffnung bewahrheitete, genügte es leider nicht, denn Russisch sprach vor und nach der Maueröffnung kein Mensch mit mir. Alle sprachen und sprechen jetzt unabhängig von ihrer Nationalität Englisch als Fremdsprache und wir waren in England.

Hier ist es die Muttersprache von Jakobs Mätresse. Mir war es recht. So konnte ich, nachdem wir endlich im warmen Haus gastierten, ungestört träumen, pinkeln gehen, mich ein wenig erfrischen. Es interessierte mich auch nicht, was die beiden Ineinander verstrickten sich für banale Dinge erzählten. Sie konnten so tun, als ob ich nicht anwesend wäre und so taten sie es auch. Ich saß in meiner Stille seelig eingebettet, sie im Klamauk ihrer Scheingefühle und des zu erwartenden Sexualaktes. Ich fühlte mich frei, weil ich ihre gesprochenen Wörter nicht verstand, nicht mit ihnen dauerhaft flüssig kommunizieren musste. Meist bin ich im Ausland in meinen Verständigungsnöten gefangen.

Ich las und deutete die Architektur der Reihenhauskiste und ihres Mobiliars und ihrer Accessoires. Die Struktur der Raumverteilung erschien mir Deutschem ungewöhnlich aber nicht unsympathisch. Der Grundriss bewahrheitete sich als unkonventionell, dennoch effektiv in der Flächennutzung. Bad und Diele erhielten nur indirektes Tageslicht. Ein Kleinod der Bürgerlichkeit. Gegen die uniformierten Fertighausprojektierungen in Deutschland wirkte die Londoner Reihenhauskiste so als wäre sie mit ihrem ökonomischen Grundriss von einem kommunistischen Bauingenieur aus einem Wohnungsbaukombinat konzipiert worden. Ich fühlte mich daher zu Hause, bis zu dieser Beobachtung. Die Möblierung sowie Materalauswahl erwies sich als unkreativ, spleenig und ekelhaft. Plagiate alter Stilmöbel, Rauchglastische, eingefasst in messingfarbene Metallgestelle, Armaturen in Chrommessingfarbkombination, aufgeblasene hochmoderne Landhausküchen in Hochglanzoptik sowie schlimmere Ausstattungen.

Es gab es keinen Unterschied zu deutschen Haushalten. Alles schien protzig, suggerierte den Überfluss, den Nachbarschaftsneidkampf, emotional kühl, ohne eigenen Geist. Ein Kampf der Hochglanzoberflächen, Edelmetalle und Designerscheißhausbecken. Dazu gesellt sich die Sehnsucht nach kopierter Konsumtionsindividualität aus höheren Schichten der Gesellschaft. In mir erzeugt diese Erfahrung immer Trauer und Wut zugleich, da die Lebensprozesse unter dem Systemerhaltungsmotiv ›Wirtschaftswachstum‹ zum kulturellen Einheitsbrei verkommen und das in nahezu allen Prozessen des Zusammenlebens der Menschen. Wirkliche menschliche Werte werden zunehmend vernichtet, negative Eigenschaften kristallisieren sich an der Oberfläche. In ihrem Inneren sind die Menschen der existierenden Weltordnung leer oder zu ihrem Kern nicht vorgedrungen.

In mein Inneres schüttete ich ein immer wieder gebrachtes englisches Bier. Es war meine einzige Beschäftigung an diesem Abend. Bier trinken, lächeln, schweigen. Eine untypische Konstellation, denn Bier ist ein Gesellschaftsgetränk, unter dessen Einfluss sich die Zungen für lautstarke emotionale Diskussionen lockern. Vorausgesetzt man trinkt reichlich davon.

Jakob pflügte das Fleisch der Professionellen durch, als Vorspielpetting, wofür er extra bis London gereist war. Ich errechnete die Anzahl der Männer, die mit ihrem Geld dieses Reihenhaus bezahlten auf eine Anzahl von geschätzten dreitausend Ficks. Fleißig muss Jakobs Mätresse sein, wunderschön ist sie dazu. Dennoch spielt die Zeit gegen sie. Als es Zeit war, die leere Bierflasche gegen eine volle auszutauschen, servierte mir ein noch schöneres Mädchen, wie im Traum, auf einem dieser unästhetischen Teewagen mit eiernden Rädern eine neue, volle, eiskalte Flasche mit Bier gefüllt. Die schöne, mich traumatisierende, Gestalt lächelte mich beim Kredenzen des Getränks an, bemühte sich wie eine Erstklässlerin einen guten Eindruck zu zelebrieren. Sie kam, zu schön um Realität zu sein, aus dem Nichts, einfach so. Ich kann sie nicht definieren, beschreiben, es gelingt mir nicht. Eine lebendige Skulptur von Schönheit in allen Details, servierte mir ein Bier. Jahrelange Handarbeit, geformt, geschliffen, gesalbt, gefärbt, gekleidet. Für mich war es eine Animation der Perfektion der weiblichen Vollkommenheit, äußerlich, integrativ mit Eigenschaften der Freundlichkeit und Sinnlichkeit der Bierpräsentation bewaffnet. Eine weibliche Gestalt, von der jeder Mann träumt.

Jakob, der von mir vorerst nicht wahrgenommene lächelnde Beobachter, half mir aus meiner scheinbar endlosen Phase der Bewunderung.

»Ja, Herr Lehmann, sie ist die zweite Kämpferin gegen die Schuldenlast, der uns für diese Nacht bereitgestellten Immobilie, jetzt darfst auch du ihr beim Kämpfen helfen.«

Später erfuhr ich, dass die beiden Schönen, Scheinreichen ein Paar waren und Jakob die Honorare für Fick und Trank, inklusive Nachtzuschlag, bezahlt hatte. Sein Liebesspiel der Gegenwart mit dieser lesbischen Londoner Luxusprostituierten brachte er jedenfalls glaubhaft in Stellung.

Nachdem ich den Ritt gegen die hiesige Haushypothek blockierte, zeigte Jakob auf die im Wohnzimmer installierte Wendeltreppe. »Dort oben steht dein Bett, Herr Lehmann.«

Ich nahm mein Bier, stieg, mich grinsend verabschiedend, nach oben in den Rest des Hauses. Hier im Dachgeschoß offenbarte sich das körperliche Limit ihrer Inhaberinnen. Minimalismus pur, in Form, Material, ohne protzige Ausstattung. Der Boden wurde von geölten Rauhspunddielen bedeckt, die Wände waren mit Kalkputz bekleidet und weiß getüncht. Von der Decke hing eine provisorische einfache Glühlampe in einer Messingfassung. Perfekt auch das einfache mit weißem Leinentuch bezoge Stahlbett. Ich legte mich rücklings hinein, bemerkte über mir das Dachfenster, durch das ich den sternenklaren Winterhimmel erblickte. Das Bier trank ich noch aus, schlief, befreit aus der Umklammerung der immer wieder kehrenden Oberflächlichkeit, ein.

Am Morgen stieg ich hinab, schaute in den Kühlschrank, in dem sich nichts Essbares befand. Ich rief »Jakob«. Aus einem Zimmer ertönte ein »hier«. Die Tür öffnend, erblickte ich Beide im Bett.

»Morgen Jakob, schön gefickt?« »Logisch, Herr Lehmann garniert mit Liebe. Nur geht die Liebe an diesem Ort nicht durch den Magen, Jakob. Zum Frühstück müssen wir von drei Flaschen Bier satt werden.« »Herr Lehmann, wir fahren frühstücken, direkt im Anschluss zu F. Bulle.«

Jakob ließ spontan seine Liebe allein. Wir fuhren frühstücken, anschließend in das Bürohaus, zu F. Bulle. Im Büro wurde uns ein amerikanischer Millionär nebst seiner jungen hübschen, langbeinigen, blonden Frau durch F. Bulle vorgestellt. Sie absolvierten stundenlange Gespräche in englischer Sprache. Insgesamt ein langweiliges Zusammentreffen in einem Bürocontainer, der vom Design her auch in Berlin- Marzahn kein Aufsehen erregt hätte. Die hoch gewachsene schöne Amerikanerin mit diesen wunderschönen langen, schlanken Beinen kam aus New York, langweilte sich, da sie kommunikativ nicht integriert wurde, ebenso. Meiner Beobachtung folgend, musste sich das lebensgroße Abbild einer Barbiepuppe hier gut auskennen. Sie schlug die Zeit mit gezielter Organisation, vor allem suchtgieriger Konsumtion von hochprozentigen Alkoholmixturen regelrecht tot, ohne jedoch zu registrieren, dass es ihr nicht gelang. Dabei bewegte sie sich lasziv, mit jedem Glas lauter werdend, im Arbeitsraum der dort Arbeitenden. Bis auf F. Bulle, der sie gelegentlich ermahnte, störte es niemanden.

Erst am späten Nachmittag, es wurde bereits dunkel, machte uns der die Schöne begleitende, amerikanische Mann den Vorschlag, in das Zentrum zu fahren. Er wollte uns zum Essen einladen. F. Bulle entgegnete, im Büro bleiben zu wollen, lieh uns aber seine deutsche Luxuslimousine für den Transport dorthin. Eingeladen wurden wir in ein asiatisches Selbstbedienungsschnellrestaurant. Die Millionärsbetriebskantine verlassend, fuhren wir direkt wieder ins Büro zu F. Bulle.

Sollte ich in Berlin wieder angekommen sein, werden mich

Freunde fragen, welche Eindrücke ich aus London mitgebracht habe. Es sind die Gleichen wie auf der ganzen Welt. Tage und Nächte, Menschen und Gebäude, Straßen und Plätze, die von Hunden voll geschissen werden. Autos die bei Rot an der Ampel halten, bei Grün wieder losfahren. Bettler und Huren, vorbeilaufende Kinder, Werbung bis zum Kotzen, Leute die aus Geldautomaten Geld ziehen. Eine große Konzentration von Freude, Leid, Drogenabhängigkeiten, Liebe, Mord, Geschlechtsverkehr, Vergewaltigungen und Depressionen. Mord und Geschlechtsverkehr sind sicher dabei die intimsten zwischenmenschlichen Kontakte. Menschen kommen und sterben. Die Masse stirbt arm, einige wenige als Millionäre, und wir waren mitten drin und wissen so wenig über uns selbst. Die scheinbare Autonomie des Lebens nimmt uns einfach mit. Wir gleiten durch unser kurzes Leben mit all seinen Zwängen, Vorschriften, Abhängigkeiten und gesellschaftlich verabreichten Moraldefinitionen. Die Menschen leben wie eine Horde Affen. Jeder hält dem nächst Höhergestellten den Arsch hin, hofft stellungsbereit auf seinen persönlichen Kosmos. Dabei ist das Leben so einfach. Der Mensch wird geboren und muss bis zum Tod irgendwie die Zeit, seine Zeit, bewusst, sinnreich verbringen. Ein Versuch ist es wert. Findet der Mensch bewusst Gefallen an seiner selbst erkannten Lebenszeitaufgabe, abseits kapitalistischer manipulierender Strukturen, macht er sich frei von Gier und Neidgefühlen, verspürt er sicher ein gutes Lebensgefühl. Dabei erfährt er, sich selbst lieben zu können, verlebt seine Lebenszeit in hoher Lebensqualität. Quantität der Dinge, Zeit und Raum, erscheint dann sekundär. Sollte der Mensch der Oberflächlichkeit der sinnfreien Gesellschaftsrangelei verfallen sein, wird er nie sein Ziel erreichen.

Offensichtlich wurde im Büro das Ende, der für weiteren Reichtum verantwortlichen Unterredungen eingeläutet. Der Tisch, auf dem vorher noch Akten, Offerten, Zahlenwerke lagen, war eingedeckt mit harten alkoholischen Getränken, leichten Weinen und einem Pack Pilsner. Der einzige Hartplastikbehälter mit koffeinhaltiger Limonade stand vor F. Bulle. Lallend jubelte die Schöne, als hätte sie auf diesen, ihr schon bekannten, Tagesumbruch aufs Sehnlichste gefiebert. Erzeugend, erweckte sie den Eindruck, auf einen hochprozentigen Orgasmus hin zu trinken, gab sich zielgenau, gemessen am hohen Anteil, hochprozentigen Alkohols ihrer Mixgetränke auch ordentlich Mühe. Auch Jakob goss ordentlichen Gin in sich hinein, als Erfolgswahrnehmungsverstärker seiner hier getätigtem Geschäfte. Genusssüchtig, gierig inhalierend, presste er zwischen seine Lippen eine fette Zigarre. Es eröffnete sich eine entspannte Atmosphäre ins Ungewisse.

Der Alkohol nahm den Druck der Angst aus den zwischenmenschlichen Beziehungen. Es war der Umbruch in eine privat anmutende Atmosphäre von Lebenszeit, zu der man sich unter dem Vorzeichen reger Geschäftstätigkeit hier getroffen hatte. Keiner hatte hier Suizidgedanken, trotzdem spielten alle irgendwie mit ihrem Leben.

Die Klarheit des Vormittags wurde mit fortschreitender Tageslebenszeit vernebelt. Keiner hörte die Uhr ticken. Jakob sehnte sich nicht nach seiner Mätresse, auch kein anderer gierte nach etwas anderem, außer nach dem, was jetzt geschah.

Die einzige Frau, hier unbeachtet, genoss den Augenblick im Alkoholrausch, läutete mit viel Eis im Becher ihre, von scheinbar weniger Langeweile geprägten, Lebensstunden ein. Ich registrierte, dass ihr der schnöde Mamonjäger an ihrer Seite keinen Spaß machte. Sie sehnte sich nach etwas aus ihr selbst heraus Unerreichbarem, ließ sich dennoch willig zum Prestigesymbol missbrauchen. Je mehr sie spürte, dass ihr keiner Beachtung schenkte, umso lauter, schriller wurde sie.

Nur F. Bulle kämpfte gegen eine unsichtbare Gewalt, unbeteiligt vom Gegenwartstheater, seine Zuckerlimonade leerend, den Gastdarsteller in seinem eigenem Office spielend.

Frank B. war um die fünfzig, hager, klein, kurzhaarig im schimmernden Rot, mit den dazugehörigen Sommersprossen. Diese trug er nicht nur wie seine Brille im Tropfendesign, im Gesicht, sondern offensichtlich am ganzen Körper, wie seine Hände verrieten. In der linken Hand hielt er fast konstant Zigaretten der Marke ›Freiheit und Abendteuer‹. Seine Rechte hielt das Glas mit schwarzer Limonade. Rechte und Linke bestückten, füllten seine Gesichtsöffnung ›Mund‹ im rhythmusfesten Wechsel. Da er in der berauschenden Phase der Gegenwart kein Wort sprach, wurde die Monotonie seiner Bewegungen auch nicht durchbrochen.

Ich glaubte, dass ich mich mit ihm unterhalten sollte, um ihn aus der Isolation zu holen, in der ich mich offensichtlich selbst befand. Dem lallenden Englisch der Anderen konnte ich nun auch in Bruchteilen nicht mehr folgen. Im diffusen Licht des Büros, tastete ich mich, bereits das letzte der gebotenen Biere trinkend, zu Frank vor. Irgendein Romantiker hatte das Licht gelöscht, eine Kerze entzündet. Die Kerze bestrahlte, da sie direkt vor ihm stand, sein Gesicht, den Zigarettenqualm, auch die Zuckerlimonade. Ein perfektes Bühnenbild eines vorlesenden Dichters, anscheinend trockenen Trinkers. Das hochprozentige Flaschentheater auf dem Tisch spiegelte sich in seinen leicht getönten Brillengläsern. Frank ruhte in seiner eigenen verträumten Stille, aus der ich ihn, vor allem mich, herausholte.

»Hallo Frank, nichts was hier auf dem Tisch an hochprozentigen Getränken steht, ist in Maßen so gesundheitsschädlich wie deines in der rechten Hand.« »Für mich können Bruchteile davon schon tödlich sein, ich bin trockener Alkoholiker mit kapitaler Leberzersetzung.« »Wie erträgst du diesen Alkoholreigen hier?« »Ich versuche, nicht dabei zu sein, bei mir zu sein, träume von der Zukunft, meiner Zukunft.« »Schön Frank, dass du an deine Zukunft glaubst, als deinen einzigen Halt im gewollten trockenem Leben. Deine Vergangenheit scheint in Deutschland zu liegen, so perfekt Deutsch spricht nur ein Deutscher.« »Ja, ich bin Hamburger, vor Jahren nach London gekommen. Meine Vergangenheit habe ich als Chaos im geschäftlichen sowie familiären Bereich akzeptieren müssen, versucht in meinem Hirn zu löschen, zumindest die negativen Gefühle.« »Es ist gut, wenn du das kannst Frank.« »Ich muss es können, Herr Lehmann. Vielleicht besteht die Philosophie des Lebens nur aus konsequenter Verarbeitung der Vergangenheit, der urteilsfreien Beobachtung sowie Akzeptanz der Gegenwart, der aus ihr abgeleiteten Erkenntnisse und deren Anwendung für die Gestaltung der Zukunft.« »Erkenntnisse aus der urteilsfreien Beobachtung der Gegenwart sind nicht möglich Frank, nur wenn man die Gegenwart als Zukunft deutet oder als Vergangenheit versteht. Deine These würde die Bedeutung der Gegenwart ins Leere katapultieren, als Traum oder Unwirklichkeit definieren. Die Gegenwart ist für mich das Leben, Frank, unbeeinflussbar durch uns selbst. Du, ich, wir alle sind mitten drin.« »Ingo, du glaubst an Gott?« »Nein, ich bin Atheist. Dennoch würde ich an Gott glauben können, wenn ich wüsste, dass es uns hilft, seiner bisher unfertigen Schöpfung ›Mensch‹, die durch ihn vergessene Weisheit, Stille und Nächstenliebe einzuhauchen. Mit Spiritualität habe ich daher kein Problem, da ich denke, dass selbst die Philosophie des Kommunismus nicht ohne spirituelles Gedankengut der Menschheit vermittelbar ist. Aus deinen eigenen Erfahrungen von überdimensionalem Alkoholkonsum wirst du mir Recht geben, wenn ich behaupte, dass du nach einer unsichtbaren Energie oder Eingebung im Vollrausch gesucht hast, sie sogar scheinbar gefunden hattest. Eine Suche nach einem wirklich freien, nicht messbaren berauschendem Lebensgefühl, nach etwas Immateriellen. Mit dieser Motivation und Erfahrung bist du zum Alkoholiker geworden, nur du brauchtest immer mehr, noch mehr, monatlich, täglich, stündlich, ein Leben lang. Wenn du dann Glück hast, wirst du bemerken, dass der Alkoholismus nichts Spirituelles zu bieten hat, außer vollgekotzte Wohnzimmer, vollgepisste Beinkleider, Frauen, die nicht mit dir ficken wollen und Bullen, die dir den Lappen wegnehmen, um dich anschließend in Ausnüchterungszellen zu stecken. Der Kommunismus sollte zur Volksdroge vermarktet werden, mit dem Hinweis ›ohne negative Nebenwirkungen‹. Er sollte propagiert werden als das nachhaltigste Lebensgefühl, von Generationen für Generationen. Die Bibel der Ordnung der Welt muss neu geschrieben werden von Kommunisten und Vertretern der großen vier Weltreligionen, eine Vereinigung von menschlichen Idealen, unabhängig von der Weltanschauung. Als Ergebnis sollte ein neues Gesellschaftsprinzip erklärt werden, ein Ausweg aus der jetzigen Ausweglosigkeit. Leider fehlt es allen an Mut sich dieser Wahrheit bewusst zu werden. Wir lassen uns treiben vom Größenwahn, aus Angst, durch Veränderung etwas zu verlieren. Die Menschheit lechzt nach einer völlig neuen Offenbarung, einer Zukunftsvision für Alle. Du hast Glück gehabt, Frank. Dein Leben ist offen, in alle Himmelsrichtungen. Aus der Hölle hast du dich ins Gottesreich gerettet, allerdings verlangt man von dir im Reich der außerirdischen Magie auch den Tageskampf mit dir selbst. Wir sollten uns dennoch eingestehen, es zulassen, dass wir Fehler machen, nur sollten es unsere eigenen Fehler sein. Mit der richtigen Ideologie des gesellschaftlichen Zusammenlebens sollte es der Menschheit gelingen, ein dem Menschen würdiges Leben zu gestalten, jedem Einzelnen mit Allen zusammen.

Das Gefühl der lauten Bestätigung unserer Thematik vermutend, schauten wir auf die anderen drei Grölenden, Lachenden, Saufenden, die uns jedoch durch Jakob auf deutsch klarmachen ließen, jetzt mit den auf den Parkflächen ruhenden, zur Runde gehörenden Autos auf der Londoner Stadtautobahn einen Wettlauf um den ersten Zieleinlauf zu starten, irgendwo in London. Getreu dem Motto ›wer kann sich besoffen hinter dem Lenkrad seines Autos bei Vollgas noch am besten konzentrieren‹, waren sie in ihrer typischen männlichen Alkohollaune nicht davon abzubringen, schon gar nicht in der Gegenwart einer diesen perversen Aktionismus unterstützenden Mutter des Sexsymbols, dieser hier anwesenden Frau. Für sie war es offensichtlich das Finale ihres Zeitvertreibs, der Vernichtung von Langweiligkeit.

Frank zog die Augenbrauen hoch, leger bemerkend, dass er im Bürohaus auf den Anruf aus dem Hospital oder der Polizeiwache warte.

Naiv in der Annahme der Aktion, die Radikalität ihrer Ausführung in Grenzen zu halten, stieg ich in das Auto des Amerikaners auf die Rücksitzbank. Die Sexmaschine presste sich bei Jakob hockend in die Notsitze. Ihre langen Beine steckte sie durch das geöffnete Schiebedach aus Stahl. Auf der Londoner Stadtautobahn steckten sie Start und Ziel ab, preschten, nebeneinander fahrend, mit Vollgas los. Der Amerikaner bemerkte im Rückspiegel meine Unsicherheit, versuchte mir die Angst zu nehmen, indem er mir erklärte, früher professionell Autorennen gefahren zu haben. Für Angstgefühle ist es zu spät, entgegnete ich. Ich bin drin in deinem Höllenmobil. Obwohl es nach Mitternacht war, dunkel, das Leben superschnell mit mir über die Stadtbahn rollte, konnte es am schnell auf uns zu kommenden Brückenpfeiler sekundenschnell ausgelöscht und für ewig dunkel sein. Meins, seins, das der beiden neben uns, auf noch fast gleicher Höhe, Fahrenden. Ich konnte sie beide durch die getönten Fenster lächeln, impulsiv laut lachend sehen. Das Auto war voller funkelnder Pupillen, roter Lippen, weißen aufblitzenden Zähnen. Eine Sekunde lang sah ich Prinzessin Diana mit ihrem Chauffeur im Porsche sitzen, der sich demonstrativ eine Zigarre anzündete, den Rauch durch das offene Schiebedach blasend.

Der Chauffeur war Jakob, die Entzündung der Zigarre belegte seine Kapitulation. Mein Fahrer jubelte lautstark in die Stille der Nacht über seinen Sieg, wo er doch als Millionär schon vieles Besiegbare besiegt haben musste. Jetzt ist er glücklich für einen kleinen Moment, der verspielte, gedopte, kleine Junge. Der vom ›Sieg‹ verwöhnte Bursche holte demonstrativ, nach dem friedlichen Ende der Szene, noch Flaschen mit hochprozentiger Flüssigkeit aus dem hinteren Ende des Kofferraums.

Im Bürohaus mit dem sich langsam in die Höhe bewegendem Fahrkorb schlug mir Jakob männlich, kräftig auf die Schulter. »Dein Pilot war gut, Herr Lehmann. Hast du dir in die Hosen geschissen?« »Deine Copilotin war auch nicht schlecht, Jakob! Hattest du eine Erektion oder gar einen Erguss? Hattest du nicht, Jakob, ansonsten wärst du an der nächstmöglichen Ausfahrt abgedriftet, hättest ihre endlos langen Beine im elektrisch schließenden Stahlschiebedach per Knopfdruck brutal eingekeilt und nach einem Halt ordentlich gepimpert. Jetzt hast du zweimal als Mann verloren, einen Kampf und einen Fick mit dieser dekadenten, versoffenen Barbiepuppe. Wie fühlt sich jetzt ›Mann‹?«

Jakob schaute erst mich lächelnd, kopfschüttelnd, dann die beiden Anderen mit fragenden angespannten Gesichtszügen an, die kurz vor dem programmierten Halt in schallendes Gelächter ausbrachen, in das wir ohne Mühe einstimmen konnten.

Da uns Frank schon akustisch durch den Fahrstuhlschacht am nach oben transportierten scheppernden Lärm erkannt haben musste, stand er prompt vor der sich öffnenden Automatiktür des Aufzugs. Er übergab uns die Büroschlüssel mit der

Begründung, endlich nach Hause zu wollen, sich mit der Bitte verabschiedend, im Bürotoilettenquadrat möglichst im Sitzen zu pinkeln.

Das uns einsam überlassene Büro, von seiner Funktion entfremdet, vom gierig profitorientiertem Arbeitszimmer in Franks Trinkhalle, hatte, da es im Eckbereich des ›Crown House‹ lag, eine große über Eck verglaste Fläche. Während ich den präsentierten Weitblick genoss, hörte ich hinter mir die in Gläser gefüllten klirrenden Eiswürfel, knackende Schraubverschlüsse und plätschernde eingeschenkte hochkarätige alkoholische Flüssigkeiten. Aus den Tonlagen der in große Gläser fließenden Flüssigkeiten konnte ich ableiten, wann ein Glas leer, halbvoll oder voll war. Die Anzahl der Wiederholung verriet die Anzahl von getrunkenen Inhalten. Schnell sind sie, wie Gernot, der Schlagersänger.

Ich griff zu dem nachgeschobenen, einsamen, unbeachtetem Sixpack, trank stehend vor den großen Glasflächen in den kommenden Morgen von London blickend. Was tue ich hier? Hier in London, in einem kalten Bürobunker der neu gepriesenen Freiheit, zwischen Profitgeiern, trockenen und aktiven Alkoholikern, sich strategisch vielfarbig prostituierenden Mädchen, zwischen unten in der Stadt schlafenden ausgebeuteten Arbeitern, unbefriedigten kaufgeilen ungleichberechtigten Frauen, in Hospitälern Gebärenden und Sterbenden, Waffenschmugglern, Drogenhändlern, Liebenden, sich in die Fresse und Genitalien tretenden, auf ihr Glück wartenden träumenden Kindern, die das alles noch vor sich haben. Hier gibt es nichts, was mir unbekannt ist, außer der Sprache. Ich sollte in Berlin sein. Zu Hause hätte ich mich auch betrinken können, unter Betrunkenen. Ich hätte fünfhundert Schritte zu Gernot ins Studio messen und einen Kasten Bier mit ihm trinken können. Anschließend hätte ich ihm mitteilen müssen, dass ich noch keine Textzeile begonnen hatte und mich trotzdem gut fühle. Können, können, können. Können, hätte, hätte können, hatte gekonnt. Ich konnte nicht! Ich habe sicher nicht gedacht, nicht in mich reingehört, keine Hoffnung verspürt, den Sonnenschein in der Heimatzone zu empfangen.

Wir suchen auf der ganzen Welt unser Glück, ohne zu

merken, dass wir unsere Fehler immer mitschleppen, als Folge die immer wiederkehrenden Enttäuschungen uns nicht klüger werden lassen. Die Welt ist ›Kapitalismus‹. Das Chaos in unseren Köpfen ist das Chaos der Welt und umgekehrt. Unsere vermutete Unschuld ist unsere Schuld.

Hier, dort unten begann sich die Stadt langsam zu bewegen. In den Nasszellen der Häuser wurden die Lichter angeschaltet, Männer rasieren sich, Frauen versuchen mit viel Fett, ergänzt durch Farbe, ihre Altersfalten zu vertuschen, wechseln nach der Nachtruhe ihre voll gesaugten Tampons. Irgendwo schreit, brachial ein Kind in den grauen nasskalten Morgen. Betrunkene stehen vor der Haustür, rufen via Funk den Schlüsselnotdienst, da ihnen die Schlüssel abhanden gekommen sind. Pfandflaschensammler leeren Straßen, Plätze, Papierkörbe vom für sie existentiellen Leergutmüll, den andere achtlos weggeworfen hatten. Sie warten jetzt frierend, hungrig vor den bald öffnenden Einkaufstempeln, um sich den Lohn für ihre Arbeit abzuholen. Prostituierte waschen ihre Intimzonen, rasieren sich ihre Schambeharrung, balsamieren sich mit Intimölen ein. Vorher zahlen sie ihrem Zuhälter seinen Anteil oder ihre Zimmermieten, tätigen noch die Inventur ihrer Kondombestände, bevor sie ausgelaugt, deprimiert, mit einer Taxe in den Morgen fahren, um am Abend wieder bereit zu sein.

Ich verspürte Sehnsucht, war bereit, nach Berlin zurückzukehren, vorausgesetzt Jakob, wollte nicht noch zu seinem fetten Mädchen in das Londoner Reihenhausglück oder hatte hier noch artverwandte Lustgeschäfte zu absolvieren. Aktivitäten dieser Art stellte ich in Frage, daher ihn vor die Wahl der heutigen Ausnüchterungszelle. Jakob entschied sich für seinen harten Sportwagen, Richtung Berlin fahrend, unter der Bedingung, dass er auf dem Beifahrersitz ungestört schlafen könne. Meiner Gegenbedingung folgend, es jetzt sofort zu tun, stand er schwankend, sich verabschiedend im Bürotrakt.

Wir verließen den Ort der geschäftigen Trunkenheiterkeit, begaben uns in den Londoner Berufsverkehr. Im Auto sitzend, sah ich das heimatliche Ziel ganz nah, welches vor Minuten noch unerreichbar schien. Jakob knickte die Rückenlehne um, schlief sofort ein, perfekt! Ich genoss die Stille, fraß mit dem

Porsche Landstraßen und Autobahnen. Bis auf die normalen menschlichen Zwischenfälle wie Essen, Pinkeln, Jakob musste auch gelegentlich kotzen, ergänzend in Hannover spontan einen Puff aufsuchen, verlief, da er ansonsten schlief, die Fahrt ohne negative Erfahrungen. Jakobs Sehnsucht, in einem Hotel zwischenzuparken, konnte ich entkräften, so dass wir am Morgen des nächsten Tages in der Hauptstadthälfte der ehemaligen DDR vor Jakobs Wohnung hielten. Jakobs Äußeres ähnelte dem meiner Mütze, auf der ich, ohne es gemerkt zu haben, die gesamte Fahrzeit saß. Zeichen von Konzentration und Anspannung fielen von mir herab, mein Spiegelbild an diesem Morgen meidend, begleitete ich Jakob in seine Wohnung, ohne zu wissen weshalb.

Sicher sind es Situationen im Leben, in denen man froh ist, endlich wieder alleine zu sein, sich jedoch auch von dem anderen, aus Angst vor der einsetzenden Einsamkeit, nicht lösen kann.

Matt lümmelten wir in der unbeheizten dunklen Wohnung auf dem Sofa, sprachen kein Wort, bis ich nach zehn Minuten aufstand, um mich verabschiedend die Wohnung zu verlassen. Zuvor bot mir Jakob noch an, seinen Wagen zu nutzen. »Jakob, bist du noch in die Delikatesse aus London verliebt?« »Mensch, Herr Lehmann, von ihr habe ich mich nicht verabschiedet!« »Also nicht, Jakob.« »Was nicht?« »Liebe!« »Liebe, Herr Lehmann? Ich wollte ficken, nebenbei ein gutes Geschäft zu Ende bringen.« »Jakob, du hast nur Geld und Ficken im Hirn.« »Ist normal, Herr Lehmann. Der steife Schwanz im Honigmund als Männlichkeitssymbol, die Taschen voller Gold als Symbol von Macht und Freiheit im Konzern ›Europa‹.« »Jakob, drei Leben werde ich Leben. Mein erstes in der DDR, mein zweites in der BRD, das dritte im vereinten Europa, wenn es dann gelingt.« »Dann hast du ein Leben mehr gelebt, Herr Lehmann.« »Ein Leben, Jakob, dass ihr aus dem Westen Deutschlands nie begreifen werdet, beurteilen und verurteilen könnt, noch nicht mal die sich als ›Kommunist‹ Bezeichnenden, da ihr es nie gelebt hattet. Genau wie die ehemaligen Bürger aus der Ostzone Generationen an Zeit benötigen werden, um die neue, übergangsfreie, zwangsimplantierte, jetzt existente Ordnung der Gesellschaft zu verstehen, anzunehmen um sie letztendlich, hoffentlich, wieder in Frage zu stellen. Wie sollen sie auch mit ›freier Marktwirtschaft‹ umgehen können, wo sie in der kommunistischen Grunderziehung diese Konstellation von sozialer Kälte, Kapitalmacht, Unterdrückung, deren Prostitutionsmechanismen nie erfahren hatten. Ein Widerspruch in sich, wenn ich bedenke, dass nur Wenige, die Idee von einer sozialen, gleichberechtigten, von Ausbeutung befreiten, kriegsverurteilenden Gesellschaft verstanden haben. Den Traum von der Humangesellschaft, nennen wir sie ›Kommunismus‹, haben sie nie geträumt. Im Kapitalismus sind sie nicht gereift, haben nur realitätsentkoppelt von ihm träumen dürfen. Angekommen in der Realität, die den Traum ersetzt, sind sie der Oberflächlichkeit des Marktes erlegen, des Scheins des Seins. Gierig saugen sie die materielle Welt mit allen ihren neuen Ansprüchen und Wünschen wie ein ausgetrockneter Schwamm auf, gehen damit ins Bett. Sie ficken nicht ihre Partner, sie lassen sich von den Unterdrückungsmechanismen der Kapitaleigner ficken, mit dem Ziel, schneller ihre materiellen Träume realisieren zu können. Der freie Markt hat keine Mutter, keinen Gott, keine klugen Vertreter einer humanistischen Ideologie. Siebzehn Millionen Menschen aus der DDR hat man im Schnellverfahren zwangsadoptiert, man hat ihnen die Mutter genommen. Sie wissen es nur nicht. Es ist ihnen noch nicht bewusst geworden. In der neuen Gesellschaftsformation, in diesem neuen Land, haben sie keine Wurzeln, kein eigenes Abbild, keine Erfahrung, keine Identität. Siebzehn Millionen hat man wie unerwünschte Neugeborene in eine Babyklappe abgelegt, in ein neues unverstandenes scheinsoziales Netz. Das sind schlechte Gefühle der neuen Ordnung, mit einem hohen Maß an menschlicher Verantwortungslosigkeit, nur um Geschichte zu schreiben. Die neuen ›DDR- Deutschen‹ sind sich selbst überlassen, unter Aufsicht weniger Führer, im Komplott mit der abgestumpften westdeutschen Menschenübermasse, die mit der Gabe ausgestattet ist, diese ideologische, emotionale Unerfahrenheit aufzusammeln und zu missbrauchen. Ein von oben installiertes Netzwerk ohne Emotionen, ohne die Menschen mitzunehmen, ohne Aufklärung. Die materiellen und mit ihnen verbundenen politischen Basen sind alles. Der Mensch ist nichts und wenn, wird er nur zum Schein als Mensch anerkannt, um seine geistige, emotionale Unbeweglichkeit nicht zu durchbrechen.« »Herr Lehmann, ich bewege mich jetzt auf jeden Fall in mein Bett.« »Klar Paul, deinen Wagen lasse ich stehen, absolviere die kurze Fahrt mit dem Linienbus in der Anonymität der Großstadt.«

Aus der Seitenstraße kommend, auf die Hauptstraße zur Haltestelle links abbiegend, sah ich ihn, den Bus, schnaufend nervös die abfallende Asphaltbahn hinunterrollend. Erleichtert, nicht warten zu müssen, legte ich einen Zwischenspurt ein, konnte so mit Mühe die schon schließenden Falttüren durchhechten. In dem mit Menschen gefüllten Inneren der Blechschachtel registrierte ich meine schlechte Kondition, musste daher tief keuchend, am Haltegriff wie eine Dauerwurst zum trocknen aufgehängt, durchatmen. Es roch nach Schweiß von Nachtarbeitern und Seifenaromen der gerade Aufgestandenen, zu ihrem Arbeitsplatz fahrenden Tagesarbeiter. Zu den beiden Primärgerüchen gesellte sich der Gestank von Kunststoffverkleidungen und Gummibodenbelägen, vermischt mit den Abgasen der Großstadt. Die Stimmung der Transportierten glich der einer Trauergemeinde in einem Großraumtaxi während der Fahrt zum Bestattungsritual. Nur aus der hinteren Sitzreihe vernahm ich musikalische Töne, einer frivolen Unterhaltungsrunde. Sie bestand aus drei jungen Männern. Einer trug kleine Kopfhörer an den Ohren, trotzdem man die Musik gut hören konnte. Die Drei tranken Flaschenbier. Laut amüsierten sie sich, noch betrunken, über die Erfahrungen der letzten Nacht und sahen dabei noch gut aus, besser als der Rest der Besatzung. Ihre gelegentlich mich streifende, noch frische Bierfahne war mir am sympathischsten von allen hier stehenden Gerüchen. Loswerden konnte ich auch nicht das Gefühl, das sie neidvoll von den anderen Passagieren gemustert wurden. Vielleicht sollte es auch den Ausdruck von Geringschätzung darstellen.

Noch fünf Station, dann bin ich endlich zu Hause, daheim. Noch fünfmal musste ich beobachten wie der Bus Passagiere durch alle Türen ausspuckt, neue einsaugt. Menschen mit verschiedenen Gerüchen und Zielen. Ein gefüllter Mannschaftswagen mit Alltagskämpfern, die aus dem Krieg kommen oder gerade zum Einsatzort chauffiert wurden. Allen gemeinsam waren ihre schlechtgelaunten Dreckfressen, ihr kleinbürgerlicher Habitus. Endlich, der Kasten hatte mich entlassen.

Am blauen Ölshoppingtempel vorbeikommend, nahm ich noch Eier, Zigaretten, frische Brötchen und ein Sixpack in meine Heimatstube mit. Ausgiebig gefrühstückt, den nächsten Tag fixierend, legte ich mich endlich zur Ruhe und schrieb vor dem einschlafen noch den Text für den Song ›Delikate fette Mädchen‹.

5
Frischfleischbürger

Die am nächsten Tag hereinscheinende Wintersonne verriet, dass es nach einer durchgeschlafenen Distanz von etwa fünfzehn Stunden zum Vortag jetzt kurz vor Mittag sein musste. Vor dem Fenster verharrend, genoss ich den Blick auf den Berliner Fernsehturm. Nur zu dieser Jahreszeit war es mir möglich, sein leichtes Wanken zu beobachten, da die in der Sichtachse stehenden Laubbäume von ihren Blättern befreit waren. Das Leben erschien wunderschön.

Mein positives Lebensgefühl wurde durch eine vor dem Gartentor scheißende Jagdhundedelrasse zerrüttet. Augenscheinlich hatte er große Probleme, seinen harten, trockenen Kot auszupressen. So quälte er sich minutenlang, mit kräftigen Pressversuchungen unter starker Vibration seines gesamten Körpers, mit schweifenden, untertäniger verlegenen Blicken, sich seiner inneren Abfälle zu entledigen. Seine Hundeführerin am anderen Ende der Leine hielt derweil ihr blasses Angesicht in Richtung der strahlenden Sonne, begrüßte beiläufig die vorbeilaufenden Gesichter aus der Nachbarschaft mit einem falschen, scharfen Lächeln. Nach quälender Prozedur schüttelte der Köter seinen Arsch, wackelte aufgeregt mit dem Schwanz, gab bellend der noch im Sonnenlicht verweilenden Hundennärrin das Signal, weiter laufen zu wollen. Der Hund signalisierte sein Glück, den Schiss hinter sich gebracht zu haben, die Leinenhalterin freute sich, wird zu Hause angekommen, ihrem Liebling wieder einen Napf mit Trockenfutter aus der Wochenaktion vom Zoodiscounter hinstellen, den sie auf einen Mindestvorrat für drei Monate gebunkert hatte. Krepiert er dann, kann sie ihn in einem unweit kürzlich neu eröffneten Tierbestattungsinstitut beerdigen lassen. Der Hund als Untertan, die Hundemutter als Führerin. Morgen hat er das gleiche Problem vor einem anderen Gartentor, ohne Macht der Änderung.

Die Hundebegleiterin mit Hund verschwandt, meine guten Gefühle waren wieder bei mir. Ich hatte kein Erdbeben oder Orkan verschlafen, keine Havarie eines deutschen oder europäischen Atommeilers verpasst, der dritte Weltkrieg war kurzfristig auch noch nicht in Sicht. Der Nachrichtenschicker aus dem angeschalteten Radio bestätigte meine einfachen Erkenntnisse. Im Kühlschrank befand sich noch ein Sixpack, auf dem Küchentisch eine halbe Schachtel filterlose Zigaretten, dem Wasserhahn entströmte ungehemmt kaltes, warmes Wasser, meine Wohnmaschine war angenehm temperiert. Dazu noch der vom Vortag geschriebene fertige Text, was erwartete ich mehr.

Animiert durch das Schauspiel des scheißenden Hundes, ging ich ins Bad. Erfreut, meinen Speiseplan selbst bestimmen zu dürfen, stellte ich zugleich fest, dafür selbst Sorge tragen zu müssen. Also ab in den Konsumtempel der zum Leben benötigten Mittel. Die zum Erwerb benötigten Mittel einsteckend, wohlwollend darauf achtend, genug dabei zu haben, um die bunten Werbekataloge der großen Bieter vernachlässigen zu können, begab ich mich, umgeben vom Heimatblues, in den direkten Kontakt mit der Wintersonne, darauf bedacht, nicht in den noch warmen Hundeschiss vor dem Tor zu treten.

Noch im Garten begegnete ich meinem Nachbarbewohner, Herrn Alkyd, der auf spitzen Füßen, die in Filzpantoffeln steckten, mit hocherhobenen Armen einen digitalen Fotoschießer haltend, über die Wiese sprang, um die in den Bäumen und Sträuchern hängenden Meisenknödel mit dem darauf sitzenden, fressenden Federvieh abzulichten. Er fühlte sich unbeobachtet, zuckte mit einem ordentlichen Schrei zusammen, als ich ihm auf die Schulter schlug. Die Vögel waren weg, Herr Alkyd reagierte gereizt, die Rechte vor seine Brust haltend, wo vermutlich sein Herz schlägt.

»Dein Herz schlägt links, Brain.« »Wie links?« »Du hältst deine Hand vor der Brust, rechts!« »Ach so, ja na klar, mein Herz schlägt links!« Er schlug seine Hand auf die linke Brust, dabei laut lachend. »Na hoffentlich«, entgegnete ich.

Herrn Alkyd traf ich, obwohl wir in einem Wohnkörper übereinander wohnten, meist zufällig. So zufällig, wie ich von einem Etikett der gerade auszutrinkenden Bierflasche erfuhr, dass wieder irgendwo auf der Welt eine Fußballweltmeisterschaft stattfindet, was mich sofort die Biersorte wechseln lies, da mich Fußball gar nicht interessiert, völlig unsexy. Herr Alkyd überlässt nichts dem Zufall, außer unseren immer wieder kehrenden Begegnungen. Er bewegt sich wie ein aufgeklärter Philosoph, der den Zufall negiert, jetzt schon über ein Jahrzehnt lang, seit unserer ersten Begegnung. Zufälle unserer Begegnungen sind mir recht, da er sich immer so schön freuen kann und sofort ohne Unterbrechung von seinem Leben und seiner künstlerischen Lohnarbeit erzählt. Unterbrechungen registriert er nicht oder nimmt sie nicht an. Die große Welt, als Vorbild aus dem Super TV oder teuren Kunstzeitschriften, wird als Vorreiter seiner eigenen künstlerischen Arbeit neu interpretiert und verwertet. Frauen reitet er dafür fast nie. Zwischen seinen fließbandartigen Erklärungen zu seinem eigenen ›Ich‹ bekomme ich noch völlig losgelöst von der Thematik ein Kompliment, anschließend eine Frage gestellt, ernsthaft dabei die Stirn in Falten gelegt.

Anfangs gab ich mir Mühe, seine Fragen, ihm gerne helfend, zu beantworten. Doch bevor ich die Antwort zu Ende formulieren konnte, unterbrach er mich jedesmal, besserwissend.

So auch heute, als ich mich, dann auch schon genervt, zum Gartentor bewegte, die Dringlichkeit der Lebensmittelbeschaffung laut vertonend, damit er von mir losließ, obwohl er im Eingang unserer zufälligen Begegnung verkündete, keine Zeit für ein Gespräch zu haben. Mit seinen Filzlatschen schritt er mir noch erzählend bis zum Gartentor hinterher, ich dadurch unkonzentriert, in den noch körperwarmen Haufen Scheiße.

Ein gutes Beispiel dafür, dass man sich nie voll quatschen lassen sollte, wenn man keinen Wert darauf legt. Zum Schluss trittst du unkonzentriert zwischen dein eigenes Leben, immer in die Scheiße, vorher noch die Koordinaten wissend abgespeichert. Quälende Ablenkungsmanöver oder nur die zeitvertreibenden Selbstgespräche anderer sollte man im Leben vermeiden, auch sollte man den Massenmedien kein Gehör oder Augenmerk widmen. Die Wahrheit wirst du nie erfahren, von Niemandem.

Herr Alkyd beobachtete stark interessiert, jaulend bedauernd, wie ich die Sohle meines linken Schuhs an der Bordsteinkante aus scharfkantigem Granit abstreifte. Ich bemühte mich, eine besonders scharf gebrochene Kante zu erkunden, um dem Würgegriff von Scheiße so hastig wie möglich zu entkommen. Herr Alkyd ist grundsätzlich sehr hilfsbereit. Auch in diesem Moment suchte er am Straßenrand aufgeregt nach einem Stöckchen, mit dessen Hilfe ich mir den Rest der Scheiße aus den Profilrillen meiner Schuhsohle kratzen konnte. Aus direkter Nähe zu meinem Sohlenprofil beobachtete er, den Ekel erregenden Akt meiner ungeschickten Hände mit dem Stöckchen. Dabei dirigierte er nervös, laut aufgeregt die Prozedur meiner Handführung. Ich spürte, dass er sich formell an meinem Unglück schuldig fühlte, dass bekanntlich Glück bringen soll.

Passanten des Bürgerwegs wechselten beim Anblick unserer Exkremententrennung vorsorglich die Straßenseite. Der gesamte Bordstein war mehrere Meter mit Hundescheiße dekoriert. Der Gedanke, hier in einer Stunde meine frisch erworbenen Lebensmittel vorbeitragen zu müssen und im Kühlschrank zwischen zu lagern, lies in mir Gefühle aufkommen, meinen Kühlschrank mit Hundescheiße zu füllen. Das sich in meinen Nasenwänden integrierte Aroma werde ich den ganzen Tag nicht mehr loswerden.

Die ganze Hauptstadt ist Tonnenweise voll geschissen, mit Hundescheiße. Dazu sind Mauerwerkswände von Mietskasernen, Hofdurchfahrten und Betonplatten von Gehwegen, kubikmeterweise von ausgewachsenen Männern voll uriniert. Hunde und ausgewachsene Männer degradieren die alte, neue Hauptstadt Deutschlands zu einer gewaltigen Freiluftlatrine. Trete ich dann in den Hauptstadtschiss, schauen mich die Passanten vorwurfsvoll an, wenn ich den Kot auf dem Pflasterweg verteile und den Schuh nicht in meiner hauseigenen Wanne unter dem warmen Duschstrahl meiner Handbrause reinige. Sie würden mir auf Anfrage sicher auch mit Stolz ihren unausgelasteten Baumarkthochdruckreiniger leihen, mit dem sie sonst ihre Betonsteinautobahnen und Terrassen im Garten vom Moos befreien, ein ganzes Wochenende lang.

Es ist ihre Art von Meditation und Kommunikation in und

mit der Natur. Sie benehmen sich unangestrengt dumm gelangweilt, da sie, wie in gesellschaftlichen und politischen Entgleisungen, nicht die wirklichen Ursachen hinterfragen, diese in der Phantasie des Alltagstratschs laut verzerren, um sich nicht engagieren zu müssen. Es ist ihre kleinbürgerliche Art, weiter frei von Verantwortung egoistisch durch ihr Leben zu scrollen um auf ihren Tod zu warten.

So auch Herr Alkyd, der entrüstet seine Filzlatschen in der am Tor stehenden Mülltonne entsorgt, dann mir als Verteiler der Scheiße auf dem Gehweg die Schuld für sein Pech gibt, genau in die Dekoration desselben hinein gelatscht zu sein, mit seinen Latschen, an seinen Füßen. Nun hüpfte er in Socken durch den Garten, endlich verschwindend, vor sich hin schimpfend in seine Wohnung.

Allein ungestört, entschied ich, mit dem Auto zur Kaufhalle zu fahren, um nach meiner Rückkehr, ohne Halt direkt auf das Grundstück zu stoßen, mit dem Ergebnis, meine Sinnesorgane vom Vorgrundstücksplatz räumlich zu trennen. Ergänzend öffnete ich vor Fahrtantritt das Gartentor, um so nach meiner Rückkehr nicht aussteigen zu müssen. Mein Umweltbewusstsein, kleine Strecken innerhalb eines geeigneten Radius zu Fuß oder per Drahtesel zu absolvieren, wurde damit für die kommenden Tage außer Kraft gesetzt.

Folglich als Ergebnis einer gesellschaftlichen Kettenreaktion, gesellte sich zum dampfenden Bürgerweg der Abgasgestank meiner alten schwedischen Automarke, als Ursache meiner überreaktionären sensiblen, ja schon fast hysterischen Handlung.

Vor dem Land des Kaufrausches musste ich mein Kraftmobil in weiter Distanz zum Käufereingangsportal parken. Schuld daran war die hohe Anzahl von bereits parkenden Mobilen auf den vorgelagerten Parkflächen. Es herrschte intensivstes Einkaufstreiben an diesem Vormittag. Meine Beobachtung, aus dem Inneren meines Autos schauend, lies vermuten, dass es sich größtenteils um berentete sowie vom Arbeitsplatz durch ärztliches Attest befreite Bürger handeln musste. Dazu gesellten sich Arbeitslose und Kolonnen von schulpflichtigen Jugendlichen, die sich in ihrer Mittagspause mit Zigaretten und modernen alkoholischen Durstlöschern versorgten. Die hohe Park-

raumbewirtschaftung lies mich immer wieder am Leistungs-
prinzip der Wirtschaft zweifeln, jedenfalls um diese Tageszeit.

Die provisorisch aufgestellten Schnellfrasscontainer waren
umlagert von Verbrauchern der Dönerfresskultur und China-
suppenschlürfern. Als Basis des wirtschaftlichen Dauererfol-
ges der Betreiber standen vor allem die dort, die dort immer
stehen. Sozialschwache deutsche kleine Nationalisten, die nicht
in der Lage waren, ihr Bier zu Hause allein zu trinken. Sie
vernichteten das Dosenbier der gläsernen Kühlschränke, stun-
denlang. Ständig musste die Kühlbox von asiatischen und türkischen Imbissvertretern aufgefüllt werden. Ihre mitgebrach-
ten, am Müllkorb angeleinten Tölen, säuberten, ständig fres-
send, die Imbissbüdchenstehplätze von heruntergefallenen Spei-
seresten. Sie pissten und scheißten den Imbisskubus und die
Fahrräder der Umweltmenschen an, die anschließend ihre mit
Biokost gefüllten Netze daran befestigten. Die Leine war zu
kurz, um andere Orte aufzusuchen. Zille hätte diese Bilder
gezeichnet. Einige Hundeherren lasen beiläufig die Blöd Zeitung. Die meist in schwarz- rotem Design, den Farben der beiden größten Volksparteien, gedruckten Skandalnachrichten
leuchteten bis zur letzten Parktasche, wo ich immer noch in
meinem Auto verharrte. Es kostete mich ein hohes Maß an
Überwindung, mich in den Tempel zu stürzen.

In Gedanken hetzte ich durch die Hallen und setzte in
meinem Gedächtnis Merker, wo ich was finde, um die Zeit der
Sammlung von Lebensmitteln so kurz wie möglich zu halten.
Mein Kommen mit dem Auto erwies sich dabei als praktische
Hilfe, da ich gedanklich gerade in der Getränkeabteilung zwei
Kisten Bier in den Einkaufswagen lud, die ich mit dem Fahrrad nicht transportieren hätte können. Das war Signal genug,
um das inzwischen erkaltete Innere meines Autos zu verlassen,
einen Einkaufswagen, der schon von tausenden Händen mit
vielfarbigen Schweißflüssigkeiten gefasst wurde, von der Kette
zu befreien.

Im Einkaufslabyrinth, den mich quälenden Einkaufsakt
beginnend, wurde ich vom künstlichen Licht der Halle geblendet. Angewidert von der beschallenden Musik, die ständig durch
›Schnäppchen der Woche‹ durchbrochen wurde, versuchte ich

mich trotz gedanklicher Vorbereitungen und räumlicher Vorkenntnisse zu orientieren. Ich fühlte mich einsam und fremd, trotz der Massen von bekannten Menschen aus dem Kiez. Hunderte von Kaufgierigen bewegten sich in dieser Kulisse gewöhnlich als wäre es ein Stück vom geliebten Heimatvaterland. Sie spazierten, telefonierten, plauschten miteinander, hörten gespannt, hochkonzentriert den akustischen Sonderangebotsofferten zu. Ein Einkaufsmarathon der Schnäppchengeilen. Einige lasen die gedruckten markteigenen Wochenzeitungen, parallel die anderer regionaler Anbieter, auf der Suche nach dem niedrigsten Kampfpreis. Ein Stall voller Sparfüchse. Geizgeilheit und Konsum als Lebensinhalt.

Ich fühlte mich wie ein unfreiwillig aus der Gesellschaft ausgesetzter Mensch der Urzeit, mit niederer Intelligenz. Nachdem mir operativ ein Mikro Chip in mein Gehirn implantiert wurde, wurde ich jetzt videoüberwacht von Marketingmanagern beobachtet, auf welche Reize mein Gehirn im Kaufprozess besonders positiv im Sinne von ›Kaufen‹ reagierte. Der Chip sendet Signale an die vor den Monitoren sitzenden Umsatzvoyeure. Obwohl sie, wie ich denke, den Falschen präpariert hätten, würde es auch bei mir funktionieren.

Ich war drin, schon lange, bleibe drin, bis zum Tod. Ich will raus. Endlich war ich abkassiert, wieder draußen.

Die Bier trinkenden Belagerer mit ihren Promenadenmischungen am Imbisssstehtisch waren mir nach der Erfahrung der Innerei der Kaufhalle sympathisch. Sie erhielten mein Verständnis, das sie nicht brauchten, auch nicht interessierte. Mit Bier, ertränkten sie unbewusst die Oberflächlichkeit der Gesellschaft, den Neid, die Kampfkultur, die sich im Glimmer im Hintergrund verliert und emotional in diesem Zustand als nichtig bewertet wurde.

Es besteht eine Analogie in allen Schichten der Gesellschaft, der Unterschied ist die Droge und der Ort. So wie auch in Gernots Studio, wo ich einen Kasten Pils hin chauffierte. Wir werden über den Schwachsinn des Lebens sinnieren, immer nach dem Fortschritt unserer eigenen Lebendigkeit suchend, indem wir uns von anderen menschlichen Wesen abgrenzend verhalten, als opportune mühselige Grundhaltung. Hechelnd werden wir unsere Lebensumstände mit dieser Einstellung verändern wollen, um anders zu sein. Die Individualisierung unseres Daseins als Ziel. Nicht redend, wissend, diesen Kampf schon chancenlos verloren zu haben, dennoch energiegeladen genug, ihn als naives Motiv immer wieder anzunehmen. Die Verurteilenden sind die Verurteilten, von nahezu Allem und Allen. Wir werden den Kasten leeren, es mit jedem Promille mehr oder weniger spüren, das Verlieren und das Gewinnen.

Das Leben ist keine Summe. Die rechnerische Summe des Lebens reduziert sich auf die Lebensjahre. Der Tod ist die einzige Realität, die der Mensch heimlich anerkennt, sein Leben hingegen im ›Jetzt‹ wird immer wieder in Frage gestellt, neu interpretiert, entsprechend der Signalwirkung der sozialen Stellung in der sowie Forderung aus der Gesellschaft. Die primitivste Sache im Leben, einfach leben, scheint für die Menschen eine unlösbare Herausforderung im Wohlstandsrausch der Gesellschaft zu sein. Pseudoglücklich darf schon derjenige sich fühlen, der sich dessen bewusst ist, folglich das Leben als seine erste Aufgabe versteht.

Meine jetzige Aufgabe vollziehend, öffnete ich die Tür zu Gernots Studio, schleppte den Kasten Pils in die Dunkelheit des Musikmixstalls. Nachdem ich meine Gedanken abgeschüttelt, sich meine Augen an die Dunkelheit angepasst hatten, erblicke ich Gernot in der Mitte der patinareichen Ledercouch sitzend. Er erhob sich angestrengt breitbeinig, die rechte Hand zum Gruß zur Decke gerichtet, dabei die Schnellpissjogginghose hochziehend, wie es sonst nur alte Männer tun. Sogleich ließ er sich kraftlos wieder ins Leder klatschen. Im Licht, der vor ihm stehenden, flimmernden TV – Glotze, spiegelte sich das laufende Programm in seinen wässrigen Pupillen, eingebettet in brutal ertrunkenen Augenschattierungen. Gernots Kurzhaarschnitt bediente alle Himmelsrichtungen. Er rauchte moderne Zigaretten ohne Konservierungs- und Zusatzstoffe, trank Weißwein vom Discounter, gestreckt mit qualitativ gutem Mineralwasser. Im Gegensatz zu ihm war der Wein trocken. Gernot, der mich im zerknitterten Raubtierpoloshirt erfreut begrüßte, gehört im Außenbereich seiner Räumlichkeiten zu den sonst konsequent gepflegten Typen.

Mein verfrühtes Erscheinen rechtfertigte ich mit der Begründung, vier Stunden später nur ein Sechserpack im Rucksack tragen zu können, statt wie jetzt zwanzig Pilsner an der Zahl im praktischen Sammelmehrwegkasten beizubringen. Zudem konnte ich das einem Leergutlager ähnelnden Studio von demselben komplett räumen. Auch wenn es mich traurig machte die Leergutskulpturenlandschaft zu zerstören, um sie in den Arsch meines Autos zu stecken. Schuld an allem sei der scheißende Hund vor meinem Tor gewesen, erklärte ich.

»Was für ein scheißender Hund, Herr Lehmann.« »Na eben ein Hund, der vor mein Gartentor geschissen hatte, in dessen Exkrement ich hinein getreten war, um dieses anschließend auf dem Bürgerweg abzustreifen. Mit dem Auto ist es möglich ohne direkten Kontakt um die Scheiße herum zu fahren. Wenn ich in meinem Leben alle negativen Realitäten in der Art umfahren könnte, würde ich es tun. Ich würde den sprichwörtlichen großen Bogen machen. Einen Bogen fahren um die ganze Scheiße, die mir im Leben begegnet. Ich wäre der Bogenmacher, der Bogenfahrer. Eine neue Weltmeisterdisziplin wäre geboren, erstmalig wäre ich Weltmeister.« »Ah, Herr Lehmann, ich verstehe. Mit meiner Mitwettbewerberstellung in dieser Disziplin, der ich entgegen meinem sportlichen Desinteresse offen gegenüberstehen würde, wärst du dann nur Vizeweltmeister.« »Damit würde ich gerne leben, Gernot. Wenn es denn so wäre. Das Besondere an dieser Disziplin wäre die Altersunabhängikeit, wie beim Schach spielen. Als Popmusikikonen sind wir eh zu alt. Mit unseren sozialen emotionalen Erfahrungen könnten wir den Meister, zugleich den Vize stellen, ohne Training, traumhaft. Jeden Tag könnten wir so einen schönen Plastekasten voller grüner Edelpilsflaschen leer trinken. Die Bögen, die wir dann zu machen hätten, könnten wir choreographieren, zum Kunstwerk erklärend, selbst wenn wir auf den Arsch fallen würden. Eine Phantasie der Zukunft von der Leichtigkeit des Lebens. Der Tod als realistisches Endziel, als Folge angstgeladener trunkener Choreographien um die Scheiße dieser Welt, um Krater unmenschlicher aktiver Vulkane, als Naturkrematorium. Krater voller Kloake, als zu füllende Urne mit unserer Asche. Keine Verpflichtungen, keine Begegnungen, keine Termine, im großen Weltscheißhaufen. Mein Tod als Freiheitssymbol, ohne Statur.«

Gernot entkorkte zwei Grüne, stellte sie auf den frei geschobenen achteckigen Volkskacheltisch. »Herr Lehmann, du redest wie ein Suizidversessener.« »Gernot, ich rede von einem traumatisierten Lebensspiel, in dem du eben noch, mich als Meister der Welt auf die silberne Position setzen wolltest, um selber im goldenen Licht zu stehen. Die Menschen sollten mehr spielen, mit ihren Fantasien, sinnlichen Fähigkeiten, der Macht ihrer Gedanken, an ihren Geschlechtsteilen oder anderen erogenen Zonen. Leider spielen sie lieber mit Rasenmähern, Autos, Segelyachten, Geld, Drogen, Atomwaffen oder mit ihren Haustieren. Sterben werden sie trotzdem. Die Lebensversicherung, ergänzt durch die Sterbeversicherung, haben sie in frühen Lebensjahren schon gezeichnet. Der Tod, auch das Leben folgender Generation, werden bis auf den letzten Cent durchgeplant. Die Ausschüttungssumme der Versicherungen im Todesfall muss für die Entschuldung der Hypothek für die Bürgerimmobilie, ein kleinbürgerliches Begräbnis nebst verlogener Grabrede reichen. Der Tod als lebensgerechte Endzeitlösung, als erleichtertes Loslassen von materiellen Wachstumsgedanken. Ein Leben lang haben wir dennoch kämpfend den Wohlstandsgedanken des Luxuslebens egoistisch, charakterlos verteidigt. Der Tod als Tabuthema, zugleich Befreier von der Lebensmenschseinslüge mit Dauerhaftigkeitszertifikat. Unsere Zukunft ist der Tod. Unsere Gegenwart ist das Leben. Wir verweigern uns den Lehren aus der Vergangenheit, sowie deren zeitnaher Umsetzung in der Gegenwart, da wir egoistisch nur an die eigene erlebbare Zukunft denken. Emotionen, Sensibilität, menschliche Werte, die Wahrheit haben neben soviel Dummheit keinen Platz mehr. Das menschliche Bewusstsein ist materialisiert, verseucht mit dem einzigen Gedanken des Wettbewerbs, bis zum Bewusstseinstod.« »Ich verstehe, Herr Lehmann. Dann sollten wir vor unserem Tod, egal welcher Art, noch schnell einen Song machen. Den Text hast du dabei?« Ich holte einen zerknitterten Bogen Papier aus der Gesäßtasche, den ich zweiseitig inklusive Einkaufsliste beschrieben hatte. »Gernot, ich schreibe das hier noch mal in großer Druckschrift auf ein weißes Blatt Papier, ansonsten habe ich Orientierungsprobleme.« »Mach das, Herr Lehmann. Ich werde den musikalischen Teil kreieren. Wie heißt das Thema, oder der Titel?« »Wird dir gefallen, Gernot. ›Delikate fette Mädchen‹. Ich meine so richtige, fette Mädchen, denen beim Fahrradfahren beidseitig am Sattel massiv die Arschbacken runterlangen. Deren Brüste die deutsche Wohlstandserde küssen, während sie sich die Schuhe binden und dabei die Biergläser im Küchenschrank klirrend erklingen lassen. Solche delikaten Mädchen, die nach dem ersten Tritt aus der Duschtasse schon anfangen zu transpirieren, denen Altersfalten unbekannt sind. Kleine Ferkelchen mit sympathischer Gemütsstruktur ohne Antifaltencremesammlung. Ich möchte sie bewahren vor teuren Figurstudiotrainingsverträgen, Schönheitschirugenterroristen und teurem Spielzeug der Sportgerätehersteller. Es sind die Frauen, die den nächsten kurzen, harten Weltkrieg überleben werden, um sich danach erneut befruchten zu lassen. Sie werden die menschliche Population retten. Die Schönheitsidole Schiffer, Klum sowie andere Schönheitsbarbys und die Diät fanatischen Kopistinnen werden von der ersten Druckwelle zerrissen oder müssen in den Kellern ihrer protzigen Villen verhungern. Ihr Blut, ihre Angsttränen werden die künstlichen Farben, Pomaden, das Rouge in ihren Gesichtern über ihre ausgehungerten Leiber und Designerschalen verteilen. Schönheitsoperationsnarben werden platzen, das Silikon ihrer Titten freilegen. Mit den dann von ihnen geschossenen Fotos wird die neue Generation von Kunstfotografen Weltstadtgalerien nach dem Inferno dekorieren, als Warnung vor der menschlichen Oberflächlichkeit. Also Gernot, weiche Beats, viel Volumen, wenig Bewegung. Den Schweiß als menschliches Sekret fetter Mädchen, als Überlebenssymbol, muss man hören. Der Song muss Männer, selbst den Papst erotisieren, die Augen fetter Mädchen mit Glückstränen füllen.« »Genauso hatte ich mir das gedacht, Herr Lehmann. Aber wo sind nach der großen Explosion die Männer, die Befruchter?« »Da sehe ich kein Problem. Der deutsche Mann als Knecht, zugleich triebhaftes Opfer des weiblichen Schönheitssymbols, ist unsterblich. Er ist zu synthetisch, um zu sterben, da er theoretisch schon Tod ist. Es bleiben also

67

ausreichend Samenträger übrig, allerdings mit miserablem Erbgut. Wie du bemerkst, sind die Probleme der Menschheit, selbst nach dem atomaren Ernstfall, nicht auszurotten. Kriege lösen nicht die Probleme der Dummheit der Menschen, sie sind das größtmögliche Ausdrucksmittel ihrer Dummheit, mehr nicht. Wer brüllt den Text eigentlich über deine musikalische Komödie?« »Der Texter! Also du, Lehmann.« »Dann mach fertig, Gernot.«

Das Verhältnis der leeren zu den noch gefüllten Flaschen zeigte auf Halbzeit. Gernot öffnete die zweite Halbzeit, dirigierte seinen Computer in der gläsernen Box. Nach kurzer Zeit, ich hatte den Text lesbar korrigiert, kam er aus dem Glashaus, forderte mich auf, den Text über seine Komposition zu brüllen. Schnell ist er. Eine halbe Stunde später konnten wir uns wieder in die verratzte lederne Sitzgruppe lümmeln, uns belohnend das Restbier in den Hals schütten, um das Gesamtresultat anzuhören. Die Mugge drückte, Reapeat programmiert, sich immer wiederholend, und wir lachten dazu wie betrunkene Kinder.

Kurz vor unserem Absturz bestellten wir beim fußläufig in fünfzig Metern Entfernung befindlichen Spanier etwas zu Essen. Bier und Zigaretten holten wir vom Imbiss ›Vietnam‹ oder von der Tanke. Alles war in Kürze abzulaufen.

Wir trafen uns zu diesem sich fast immer wiederholendem Ritual, wöchentlich, meist am dem Tag, der die Arbeitswoche teilt. Der Arbeitstag hatte dann auch mit einigen Ausnahmen fünfzehn Arbeitsstunden und ging um Mitternacht in unserer Lieblingspinte Cafe Carbaty häufig in die unberechenbare Verlängerung. Ausnahmen wurden meist durch unkontrollierte Trinkgelage und damit verbundenen Schlafattacken Gernots vor Arbeitsbeginn verursacht. Der betrunkene Zustand Gernots stellte für mich kein Problem dar. Er war unter gemäßigten Alkoholfüllungen der bessere Mensch, lustiger, unverkrampfter, dynamischer, auch experimentierfreudiger. Er versprühte menschliche Wärme, Lebenslust, verfiel nicht in das typisch männliche Machtritual. Alles Dinge, die der Sache, der Produktion dienten, im positiven Sinne. In diesem Zustand glaubte er an sich und die Sache, die er gerade tat. Kritik konnte er diplomatisch händeln, meist fruchtbar kreativ in die Praxis umsetzen. Er hatte Spaß bei der Arbeit und am Bier trinken. Seine kleinbürgerlichen Ziele vergaß er in diesen Stunden. Man konnte es hören. Nüchtern hingegen hatte er die Ausstrahlung einer Fleischgroßhandelstiefkühltruhe, intellektuell war er vergammelt wie das Fleisch, das in ihr ruhte. Er war genauso wortkarg und humorlos. Ein nicht zu knackender Eisklumpen, der in keine Richtung zu bewegen oder zu begeistern war. Kurz gesagt, ein unsympathisches altkluges Arschloch. Nüchtern war er ein Wessi, unter Alkohol ein Ossi, der er auch war.

Wenn ich hier und jetzt auch klarstellen möchte, das ich kein Anhänger dieser nicht stimmenden Kategorisierungstheorie bin, sie dennoch hier gebrauche, es auch nicht mehr vorkommen wird, versprochen. Es passte nur gerade so gut, wie so oft.

Da wir selten ›alkoholfrei‹ durch unsere wöchentlichen Spaßveranstaltungen gingen, bereitete es uns und auch zufällig dazu stoßenden Freunden, Bekannten, nebst Gernots Berufskollegen, Freude und Begeisterung. Das Arbeiten mit Gernot war geschmeidig, ohne Anstrengung, vorausgesetzt, das Bier war nicht alle. Ich schrieb den Text seit dem zweiten Song jetzt parallel im Studio, zu seinem komponierten Musiktheater.

Die reale Zeit, die wir für Text, Komposition und Gesangsaufnahme benötigten, betrug im Mittel nicht mehr als zwei Stunden. Gernot, schnell ist er, beherrschte das Phänomen der künstlerischen Lüge. Er war fähig genug, seine Musiksoftware so zu verzaubern, dass jeder Hörer der Songs vermutete, das sein Studio während der Produktion mit Massen von Drogen betäubter, durchgeknallter, experimentierfreudiger Musiker gefüllt war. Der Eindruck war orchestral. Es war die Produktion eines Drogenorchesters.

So mussten sich Freunde Gernots bei einer Routinekontrolle der Autobahnpolizei am helllichten Tag eines umfassenden Drogentest unterwerfen, nachdem ein Bulle die brachiale Gewalt der Töne unserer im Auto abgespielten CD vernahm.

Gesellschaftsfähig waren die Songs in ihrer Tonqualität und Verständlichkeit der Texte jedoch nicht. Es war eine einfache, klanglich raue, energiegeladene Produktion mit aggressiven Vokalen. Texte wurden eher geschrien als gesungen, immer rau, vom Lautstärkepegel her ganz vorne. Es war das pure Leben. Inhaltlich immer in der Nähe von Sex, Tod, Drogen und dem Traum der Vernichtung von monotonen Alltagsrhythmen. Ein Schrei nach Besinnung, Gerechtigkeit, der Aufforderung endlich mit dem Denken zu beginnen. Der Wunsch nach Isolation im ›Hier‹ und die Integration in eine neu gestaltete Formation vom Weltmenschenmeer. Das raue Brüllen in die klare, kalte Nacht, in der Hoffnung auf die Anhörung in einer anderen Galaxie, die den Antikriegspunk nicht erhörte. Es war das Leben und Sterben, viel Freude und Verzweiflung, bis die Nachtigall verstummte.

Trotz der Unkultur der Innenarchitektur fühlte ich mich entgegen meiner ästhetischen Ansprüche an diesem Kreativmittwoch recht wohl. Zum obligatorischen Schimmelgeruch und Latrinengestank gesellte sich der Geruch von Katzenpisse, die sich in den Abdeckstoffen zur Verhüllung der Schlaginstrumente eines Musikermietprobanten verbarg. Trotz aller äußeren Widersprüche herrschte ein ›Feel Good‹ Klima. Wir befanden uns auf einer Insel, in einem Kokon, abgekapselt von der ordinären Außenwelt des Alltags, als antidepressive Überlebenschance.

Wenn zur Berufsalltagszeit Bier oder Zigaretten vernichtet waren, schritt ich vor das gepanzerte Eisensichtschutztor um Nachschub zu holen. In diesem Akt des Traums bemerkte ich, dass unser Kokon nur aus einer hauchdünnen Fruchtblase bestand, folglich der Traum zerplatzte. Ich betrat eine große Depression, einen anderen Traum, der mich zu trösten verstand. Es war das Schlaraffenland, in dem es Bier, Zigaretten und einen lebensfrohen spanischen Wirt gab, der uns zum Hauspreis Essbares in Stanniol eintütete. Mein kleinbürgerliches Gewissen signalisierte in solchen Lebensmomenten völlig unbegründet den Verdacht meiner Gemeinschaftsfremdheit. Wir lebten den friedlichen Grundsatz. ›Jeder auf der Suche nach seinen Talenten, der damit verbundenen Entdeckung seiner Fähigkeiten und dieser Lebenseinstellung zwangsläufig folgenden Bedürftigkeit‹. Meine daraus resultierenden guten Lebensgefühle im Übergewicht, konnten erfolgreich gegen meinen Gewissenskonflikt und die öde Weltrealität, bis zur Erschöpfung ankämpfen. Es war ein wenig Nostalgie, ohne Mauern. Das Abseits vom Kriegszustand der kleinen, großen Welt, die sich mir als Jenseits, ohne die Handschrift Gottes darstellte, wenn ich sie betrat oder in den Medien beobachtete. Denn die Fehlentwicklungen im Weltganzen setzen die perversen Lebensformen im Kleinen voraus.

Die Staniolfähnchen der hier platzierten internationalen Waffenschieber und Autohändler warfen mir zu dieser Zeit das Sonnenlicht in mein Gesicht zurück, ich war doppelt belichtet, irritiert. Wer kauft eigentlich diese vielen Scheiß Autos? Hier an einem der Berliner Verkehrschaosnadelöhre spürte man stets wetterunabhängig die Aggressivität und Frustration ihrer Teilnehmer. Sicher ist es eine Charakteristik der Großstadt. Fünfzig Prozent der Menschen weltweit leben in Großstädten. Es bedeutet die Konzentration von Macht und Geld, von arbeitsteiligen Prozessen sowie den daraus entstehenden menschlichen Kämpfen. Ich spürte, dass die Sozialisationskraft der Arbeit den Kampf gegen den Geldhunger der Arbeitenden verloren hat. Mit solchen Analysen am Straßenrand fühlte ich mich bestätigt, dass die kapitalistische Motivation der profanen Arbeitskraft ›Mensch‹ die falsche ist.

Einige, wenige Kämpfende und Kapitulierende traf ich hier in einem kleinen Teil der Welt. Sie rollten in Panzern über das Kopfsteinpflaster. Stiegen an dafür vorgesehenen Haltestellen aus stählernen, kreischenden Mannschaftstransportbahnen und Bussen. Ihre Waffen waren ihre Gesichtszüge, aggressiv durch den Lebenskampf gezeichnet, der Öffnungslauf geladen, stets verteidigungsbereit, in Kriegsstellung. Heulende Kleinkalibergeschütze wurden in kleinen motorlosen Wagen stramm geschoben, im aggressiven Befehlston zur militärischen Ordnung gerügt. Die Brutalität der Befehle an die nachwachsende, hoch technisierte Generation irritierte selbst die vorbei marschierenden Konsumterroristen. In rhythmischen Abständen überflogen uns brüllend landende, startende Kampfjets mit Flüchtlingen und Emigranten. Tausende Meter über ihnen verharrten tonnenweise Satteliten, um die menschlichen und materiellen Strukturen manipulativ zu überwachen. Die zum Atmen gereichte Luft war aromatisiert von angereicherten Russpartikeln, Stahlkristallen und Gummiabriebstaub. Dazu gesellten sich der Flugsandstaub der gerodeten Grünflächen sowie das abgelassene Kerosin der Flugobjekte. Die Erde vibrierte, ist im Randbereich der Kriegspfade bestückt mit Tretminen, die vom Hundeführerbataillon per Marschbefehl der Not verlegt wurden, die Marschroute bestimmend. Die Kleinkalibergeschütze schissen sich vor Angst in die Hosen. Alle zur Kapitulation Entschlossenen lagen betäubt am Kriegspfadrand mit voll gepissten Hosen, zerschlagenen Gesichtern, hinter denen zerstörte Seelen keine Ruhe mehr fanden. Trotz Koma rochen sie noch ihre Offiziere und Mannschaften. Sie hörten Befehle, einsame Gebete, die letzten zehn Sekunden wurden gezählt, kurz vor dem Armageddon.

Die noch Kriegspotenten traf ich im Drogendepot von dem deutschlandweit flächendeckend operierenden Oberleutnant ›Hofmann‹. Sie beluden ihre heißen Panzer mit Mehrweggeschossen, hochexplosiven Einweggranaten nach einem hektischen Tag wechselnder Einsatzbesprechungen, nebst auferlegten Marschbefehlen. Im familiären Einheitsschutzbunker werden sie die Granaten entschärfen, sich abgestumpft auf flachen Luxusbildschirmen teilnahmslos die Kriegsschauplätze dieser Welt frigide anglotzen, dabei noch die Situation verstehend, sich darüber freuen zu dürfen, noch nicht betroffen zu sein. Superstars von Männern ohne Weitblick, die kein Verständnis haben, das ihre Frauen nicht mehr mit ihnen ficken wollen. Dennoch kauern sie wirtschaftlich vereint in ihren Reichtümern, isoliert wie in Gefängnissen. Die damit verbundene Ruhe und Leere auf den Straßen lies eine Ausgangssperre bis zum nächsten Morgen vermuten.

Dem untertänigen, ausgebeuteten Soldaten von Oberstbefehlshaber Hofmann bezahlte ich mit im Krieg verdienten Geld meinen Drogenkauf, marschierte zu unserem mediterranen Gastronomen, dessen Raum die leicht Verwundeten zu dieser Zeit beherbergte. Unser spanischer Amigo begrüßte mich mit einem Grinsen, beiläufig die obligatorische Weinschorle spendierend. »Wie immer, Herr Lehmann?« »Wie immer, Amigo! Tageshauspreisessen in Stanniol für zwei Überlebenskünstler.«

Die Wartezeit am Tresen verbrachte ich mit der spendierten Weinschorle, analog dem Lauschen der Gespräche der leicht Verwundeten. Sie rangen miteinander um den ersten Platz der Frustrierten. Die deutsche Staatspolitik wurde mit jedem Bier mehr diskreditiert. Keiner von denen wehrt sich gegen den Staat, weil keiner der Staat sein will. Mit jedem Bier wurden ihre Wunden unheilbarer. Energien und Emotionen, die sie dabei freisetzten, verpufften ins Nichts. Es ist das große Warten auf Hilfe von Unbekannten, keiner glaubt an sich, keiner ist bei sich. Die Menschen sitzen wie Fliegen auf der Scheiße der Gesellschaft, liebäugeln mit der Propaganda des versprochenen Besseren, was da kommen soll.

Ich flüchtete mit ›Tortilla Espanola‹ und meinen Biersack in unseren Kokon, wo Gernot noch kräftig die Oberfläche seines Bildschirms mit der Maus vergewaltigte. Er benahm sich hoch konzentriert, dabei langsam den Rauch seiner Zigarette inhalierend, beiläufig den aus der Reserve genommenen Wein beiläufig trinkend. Er war drin, in seinen Soundmodulen, die er immer wieder zur Gehörprobe mittanzend kurz abrief. Es sah gut aus, so wie es sich anschaute.

Wir produzierten so etwa zwei bis drei Dutzend Songs an etwa der gleichen Anzahl an Mittwochtagen. Im letzten Drittel unserer Antigewaltproduktion stellten wir, da Gernot mittelfristig den ›Idiotentest‹, und den damit verbundenen Lebertest bestehen musste, unsere Getränke in alle verfügbaren Sorten alkoholfreies Bier um. Als Solidaritätsfanatiker machte ich die schlecht schmeckenden Erfahrungen mit, zumindest in Gernots Gegenwart.

Die Zeit verging langsamer, es begann das Warten. Gernot mutierte ohne die Droge ›Alkohol‹ zum nörgelnden, depressiven, antriebslosen Arschloch. Er war wie die da draußen. So wartete er auf die Heinzelmännchen, produzierte seine, unsere Sache nicht bis zum hörbaren Ende. Meine Texte wurden kritisiert ohne dass er ihnen intellektuell folgen wollte oder konnte. Ein blutleerer Hirnträger vermutete in mir den verbluteten Anfänger. Seine materielle ›Musikmacht‹ wurde zum Ausdrucksmittel seiner Persönlichkeit. Inhalte, die von ihm avisierten Ziele und Träume verloren an Bedeutung.

Seine letzten musikalischen Komödien waren so unlebendig, oberflächlich, unbeteiligt wie eine Mutter, die nach einem kräftigen Sturz ihres schreienden Kleinstkindes als erstes die Sachen nach Verletzungen absucht, den Asphaltdreck abklopft, bevor sie nach den körperlichen Verletzungen oder blutenden Wunden ihres schreienden Sprösslings schaut, um ihn dann schreiend zur Ruhe zu bewegen.

Er betrat den ausgetretenen Weg der exzentrischen, komplexbehafteten Materialisten ohne Ideologie, ohne Emotionen. Seine innere Leere und geistige Energielosigkeit ließ ihn zur Symbolik der Massen verrecken, zum leidenden, tratschenden Kleinbürger. Trotz dessen stellte er sich als Karfunkel, als Edelmarkenmensch und Leistungsträger dar.

Den in der Schaffensperiode kommunikativ unter dem Einfluss vieler Weinschorlen, integrativ beworbenen Akteuren für die von allen Seiten bewunderte unfertige Produktion zeigte er die rote Karte. Gernot bewegte sich launisch und zickig wie ein Weib mit einer Dauermenstruation. Er reihte sich ein in die Menschenmasse der Trittbrettfahrer mit Vollkaskomentalität, nahm einen Job, das gebotene Geld mit dumpfen Gefühlen von deutschen Arbeitgebern an. Dazu bemerkte er, wenig tun zu müssen für nicht wenig. Ein nach seiner eigenen Individualität Strebender, anders sein Wollender ist bekehrt vom Wachstumsmotor ›Deutschland‹, und nicht nur peripher in der Gesellschaft, in der mehr nicht möglich scheint, sondern mittendrin im Sumpf der Ideologie des Geldes, die keine sein darf, keine ist. Er ist da angekommen, wo er herkam.

Den Idiotentest hat Gernot bestanden. Ohne den Anklang von Not sang er jetzt wieder das deutsche Lied von Macht und Wohlstand.

Die Wohlstandsarien hallen durch die gesamte Republik für ein deutsches Luxusleben, was keiner wirklich braucht. Das Streben der Deutschen nach Heldentum, nach wirtschaftlicher Macht, nach der deutschen vollkommenen Edelrasse. Ich werde das Gefühl einfach nicht los, dass in vielen deutschen Männern verkappte Bewunderer von, ›Adolf Hitler‹ stecken. Dazu charakterlich phlegmatisch geprägt, ohne Revolutionsgedanken, um einen geistigen, kulturellen Umbruch in der Gesellschaft herbeizuführen. Ein egoistisches Volk von untertänigen Schleimern, tratschenden Nörglern, schielenden Schmarotzern, ohne menschliche Wertprägungen. Der gute Schein der inneren Leere des Seins. Das deutsche Volk, denkfaul, bequem, nach seinem ›Führer‹ rufend, suchend. Patriotismus, Gemeinschaftsgefühle, Idealismus, Emotionalität, Solidarität, Volksverbundenheit, alles Fehlanzeige. Vom ›wir sind das Volk‹ Song ist als Hauptmotiv nur ihre materielle Beschaffungsgier und die Deutsche Mark übrig geblieben.

Der Geldsegensong donnert aus allen Himmelsrichtungen, vor allem aus dem materiell unbefriedigten Osten. Am Einheitsbrei, den die Oberstarpolitköche aus Ost und West mit entsprechend falschen Zutaten versehen, angerichtet haben, wird sich das deutsche Volk noch lange, generationsübergreifend, in Ohnmacht fallend durchs unsichtbar gespaltene Vaterland schleppen. Die Einheitsbrühe und Weltkapitalrezeptur wird langfristig nicht für das Gleichgewicht des satten Werdens sorgen können. Vielmehr wird sie den Völkermassen Magenkrämpfe bescheren, sie bis zur Ohnmächtigkeit ordentlich kotzen lassen. Nur Ohnmacht protestiert nicht! Die Volksseele wird irreparabel demoliert sein. Deutschland braucht in zwanzig Jahren mehr Irrenhäuser als Sozialwohnungen.

Einige Wenige sind schon in Planungslaune, um den neuen Markt zu erschließen. Die Appartements der Irren werden für Bekloppte der Oberklasse mit goldener Krankenversicherungsscheckkarte dementsprechend ausgestattet sein. Protzige Marmorbäder mit Toiletten und Bidets mit Warmwassermassagedarmspülung für die von Schönheitschirurgen gestraften Millionärsärsche und Diamant gepiersten Genitalien. Badepools für vom Fett abgesaugte, geglättete, widernatürlich aussehende Körper, mit Champangereinlaufarmaturen, die flexible Temperaturregelungen zulassen. Wahlweise zum Trinken oder Einlegen der Hohlkörper. Die gesamte Medientechnik wird über Sprachbefehle der Einwohner gesteuert, ebenso die Haustechnik der Appartements. Insektenschutzgitter vor Türen und Fenstern werden der Vergangenheit neurotischer

Spießbürger angehören. Immobilien werden mit scharf geschalteten Selbstschussanlagen videoüberwacht, die Fremdlinge von Insekten- bis Menschengröße von ihrem Programmierer unterscheiden können, stets bereit, sofort den garantierten Todesschuss zu leisten. Der von der Natur entfremdete Vorgarten, täglich von umherfahrenden Robotern auf Kürze gestutzt und bewässert, wird mit Minen gepflastert sein, die am Schritt den Eigentümer von einem Fremden unterscheiden können. Zäune werden nur noch aus Laserstrahlen bestehen, die Menschen aus der immer größer werdenden Unterschicht mit brutalen Stromschlägen auf Entfernung halten. Im trunkenen Zustand ohne Vorsatz in Richtung Dekadenz zu urinieren, kann dann zur Dauerimpotenz führen. In einem kinderfeindlichen perspektivlosen Deutschland wird diese Grenzerfahrung das deutsche Männervolk der Unterschichten, zu der dann auch die demontierte Mittelschicht gehört, besonders erfreuen. Sie werden bewusst den Wenigen an den Zaun pinkeln, um der Vermehrungsgefahr der eigenen sozialen Volksschicht zu begegnen. Massen von deutschen Männern werden so ihre Generationsfolge verweigern, können sich verantwortungsfrei durch die Slums der Zukunft pimpern.

Das deutsche Volk wird sich freiwillig abschaffen. Die Verhütungsmittelindustrie kann ihre Insolvenz ausrufen, die Geiz ist geil Hysterie lässt auch sie nicht am Leben. Den Nationalmachtgedanken der Konservativen, Scheinsozis sowie des bürgerlichen Ökopax, haben sie damit unbewusst begraben. Deutschland wird innerhalb Europas multikultureller geprägt sein als je zuvor. Zumindest rettet uns das vorerst vor dem dritten Weltkrieg.

Der Schaffenskrieg um die, unsere deutsche, Platte entbrannte nun auch mit Gernot. Seine nachlassende Kreativpotenz erklärte die schlaffe musikalische Bereitung der Sounds zu meinen zwischenzeitlich lyrisch angehauchten Texten. Der Mittwoch wurde zum gefühlten Pflichtekeltag.

Es war Sommer. Die Tür zum Studio stand zu lange offen. Das gefühlte Sommerloch ist eingetreten, spülte mit seinen schwülen, lauen Lüften, die Depressionen des Alltags herein.

In verspannter Pose des Mächtigen kam Gernot aus seinem Glaskasten, den bereiteten Song abspielend.

»Na, Herr Lehmann, gefällt Dir nicht?« »Gernot, Kunst ist mehr Fleiß als Talent. Das ist Schweinecountryrock zu einem Wild Western Porno, in dem die Corel Girls mit Hengsten ficken, unterbrochen von Werbepausen für XXL Dildos mit den dazugehörigen Silikongleitcremes. Meinen Beifall kannst du nicht erwarten. Den Künstlerbehindertenbonus hast du schon längst verspielt. Was erwartest du von mir? Die vollkommene Lüge? Die erschlägt dich doch schon auf der Lebensalltagstraße. Warum dann jetzt noch hier? Ich möchte hören, was nicht zu sehen ist. Spaß, Liebe, Trauer, Ehrlichkeit, ein gutes Lebensgefühl, zum Kontext der Wahrheit. Die Wahrheit verdient bessere Soundmuster. Gernot, du bist leer, adynamisch wie ein deutscher Beamter, der sein Leben bis zu seinem Tod schon zu Ende gedacht hat. Besser noch du meldest dich freiwillig für den Afghanistaneinsatz, da stehen die Drogen der Kriegskünstler auf der Soldliste. Wir sind ein Volk. Ein Volk in Kriegen, gegen alle und alles, gegen jeden, damit gegen uns selbst. Du gerade gegen mich, ich gegen dich. Du versuchst, dich zu positionieren, den Diktator zu spielen. Ich bin mein eigener Diktator! Du diktierst hier nicht die Sache, sondern ohne Inhalte deine Minderwertigkeitskomplexe gekoppelt mit deiner materiellen Infrastruktur. Das kotzt mich an. Die Situation hier nimmt mir die Lust am Biertrinken, die Lust am Glauben der sinnerfüllten Vereinigung von Inhalten, den Mut der ehrlichen Botschaft. Der Künstlermensch als Botschafter, der die Realität kreativ, emotional als Wahrheit in seinen Werken reflektiert, mit deutlichen Hinweisen der Verletzungen, der vom Mammon betäubten Gesellschaft. Die Chance als Weg. Mit der Folge, als Spinner, als ungeerdeter Träumer aus dem Kosmos, verurteilt zu werden, hat schon eine Faszination, mit der ich gut leben kann. Allerdings gehört zu diesem Faszinationslebensgefühl eine angenehme Verrücktheit, eine große Mutmenge, die du nicht hast, Gernot. Deine kleinbürgerlich eingehauchten, immer wieder kehrenden, Denkmuster der Anpassung, ohne nachzudenken, lassen dich zum Erfüllungsgehilfen der Monopolisten werden.«

Es ist der Mordversuch der eigenen Freiheit. Wirkliche Freiheit kann nur aus unserem eigenen, Inneren kommen. Vorausgesetzt, wir stellen unser eigenes Ich gesellschaftlich auf. Der Mensch verfügt vom ersten Tag seiner Geburt an über eine artgerechte, natürliche Wohlfühllebensfreiheitsideologie, die ihm mit dem Nabelschnitt genommen wird, die mit dem Hineinwachsen in eine von Lügen beherrschte Gesellschaft unterjocht und zerstört wird. In erster Distanz von überforderten, diktatorischen Eltern, deren Hirne, die Droge der Konsumgesellschaft vergärt hat. Täglich kämpfen sie um Anerkennung ihrer gutbürgerlichen Oberflächlichkeit des Scheins von Erfolg, eingebettet in moralisch gesellschaftlich angepasster Reinheit. Natürlich modern, mit Nachhaltigkeitsfaktor. In diesem emotionalen Vergärungsprozess begleiten sie ihre Kinder, eingekleidet, ernährt und bestückt mit Prestigesymbolen der unbedenklich aufgesaugten Oberflächlichkeit. Alle machen mit, die gesamte Gesellschaft, insofern sind wir ›Eins‹. Fehler potenzieren sich von Generation zu Generation bis zu unserem Untergang oder Neuanfang. Hoffentlich! Das Begeisterungsliebespotential der Eltern wird für die Konsumgüterweltproduktion verbraucht, die natürliche Umwelt wird dabei zunehmend zerstört. Dieser Selbstzerstörungsprozess beherrscht den Alltag ganzer Nationen.

Kunst hat die Aufgabe, diesen Alltag nicht nur emotional zu brechen, sondern auch ideologische Denkaufgaben zu stellen, die im Ergebnis die Abkehr von der nach außen gerichteten Wirtschaftswachstumsideologie mit allen ihren Folgeerscheinungen haben sollte. Künstler als voranschreitende Botschafter des Fortschritts, des Ungehorsams, der Verweigerung von eingefahrenen unlebendigen Existenzmustern. Künstler als Revolutionsführer gegen das Vegetieren der Menschen zwischen Eroberungskriegen, Korruption, Gladiatoren von Wettrüstern, Naturzerstörung, Hunger und Profitgeiern. Die Revolution als Kunststatur der geistigen körperlichen Freiheit auf dem Weg zu einem gerechten Weltbild. Künstler als außerparlamentarische Opposition zur Stärkung alter Independentwerte. Das bedeutet die Verselbständigung, vor allem deren Abkehr und Unabhängigkeit vom kapitalistischen Kunstmarkt, vom Missbrauch der Dekoration von Dekadenz, von Ausbeutung sowie

Volksunterdrückung. Kunst als autonomer kultureller Begeisterungskrieg gegen den emotionalen Hirntod. Markenlogos werden mit Inhalten der Vermenschlichung des Seins gefüllt, neu definiert. Der Missbrauch urbanster menschlicher Gefühle bei der Vermarktung von kapitalistischem Lifestyleproduktionsdreck, ist mit dem Antibiotikum der Vernichtung von sinnvoller Lebenszeit und der Betäubung des Denkens seiner Konsumenten ausgestattet. So wird dem Volk, der systemerhaltende Konsumterror als Glücksdroge manipulativ eingeimpft, um damit ihre solidarischen emotionalen Strukturen zu zerstören. Ihr Intellekt wird zielgenau auf den Kampf des Wettbewerbs von ›kaufen und verkaufen‹ beschränkt. Menschliche Emotionen werden in Produkte kopiert, so ihr Ausleben zur Veränderung gesellschaftlicher Prozesse vernichtet werden. In der kapitalistischen Gesellschaft ist das Aggressionsgeschrei um die ökonomische Vormachtstellung, Weltweit in Kriegen erfahrbar. Kapitalismus bedeutet Krieg. So lange wir uns den Mechanismen dieser Ordnung anpassen und folgen, sind wir die Zivilsoldaten, folglich jeder die Verantwortung für die Kriege der Welt in sich trägt. Darum sollten wir die Waffen des Kapitalismus ablehnen, um uns eine ›Lebenskunstpause‹ zu ermöglichen.

Wir werden dann in unser Inneres vordringen können, da es als Ziel zugelassen wird. Durch die Gesellschaft, durch uns, von allen, mit allen. Die dann ehemalige, manipulierte konsumgeile Gesellschaft wird sich frei von den Stacheln der negativen menschlichen, von der Obrigkeit übergestülpten, kopierten Charaktereigenschaften im Künstlerclub der verwelkten Rosen treffen.

Kommerzialisierte antikonformistische Freiheitsstatussymbole, die ein Volk in messerscharfe kampfbereite Schichten selektieren, werden der Vergangenheit angehören. Die Rebellion der letzten großen Statussymbolträger wird zur bedauernswerten, lächerlichen menschlichen Ausnahmeerscheinung, letztendlich an Ausstrahlung verlieren.

Ihre Identifikationsfiguren, prominente Werbeträger aus Sport, Politik und Kultur, werden dann Zeit für sich haben, die sie erst einmal nicht sinnreich ausfüllen können, da sie es nie gelernt haben. Sie werden sich Zeit für ihre Kinder nehmen, von ihnen ›Leben‹ lernen. Endlich werden sie in der Lage sein, ihre gelangweilten, unbefriedigten Frauen zu ficken, auch mit ihnen über ihre Probleme zu reden.

Der familiäre, kalte Krieg wird abgelöst durch Aufrichtigkeit, Liebe, Gleichberechtigung, Vernachlässigung von wirtschaftlichen Interessen als Hauptkriegsherd. Menschlichen Grundbedürfnissen wird in der kleinsten Zelle der Gesellschaft Platz gemacht. Geldgiersüchte, Drogensüchte, Magersüchte, Fresssüchte werden sich drastisch reduzieren. Auf Berliner- und Europastraßen laufen Götter der Menschlichkeit umher, verteilen Botschaften des Mitgefühls, Hilfe, Liebe in Form von Kunstwerken, die alle erstrahlen lassen, alle in die Lage versetzen, sich wieder achten und lieben zu lernen. Kunst als Traum, der uns am Leben erhält.

»Herr Lehmann, du erkrankst zum Tagesträumer, in Euphorieschweiß gekleidet, mit dezent hinterher wehender Bieraromanote.« »Der Schweiß gibt mir den stählernen Glanz auf meiner Haut, den der Mensch zum Leben braucht. Meine Träume versetzen mich in die Lage, an ein warmes Lebensgesellschaftsmodell zu glauben, inmitten der stupiden dumpfen Realität. Der Traum schenkt mir mein Lächeln zurück. In der Nacht werde ich nicht von Alpträumen überfallen, kann entspannt ficken, dann gut schlafen.«

Es ist die Lebensqualität eines Andersdenkenden, sein Leben als Erlebtes zu generieren, statt den Erlebnisgefühllebensschweiß mit anorganischen Düften aus den Einkaufstempeln der Duftmarkendesigner abzudecken, um ihn zu verleugnen. Die deutschen Bürger füllen die Republik mit aggressiven Angstschweißaussonderungen, die mich in Hoffnung wiegen, dass die Massen endlich begreifen, wer sie sind, was sie tun und ob sie sich ihrer realen Gefühlen bewusst sind. Ich muss nicht den Schleier der Zukunft lüften, um zu ahnen, dass die Menschheit unter ihrer eigenen Gefühlskälte zu sich selbst und zu ihren Artgenossen psychologisch erkrankt, zugrunde geht, sollte sie nicht ihren Arsch hochkriegen, um ihr Gefühlskorsett in eine ehrliche, lebendig intensive Balance bringen. Sie versklaven sich freiwillig aus materiellen Wahnvorstellungen zu Knechten des Kapitals, das ihnen täglich grüßend ins Gesicht spukt. Die Poesie des Lebens wird dafür bewusst ignoriert. Sie füttern mit ihren materiellen Lebensträumen die Großparasiten aus Wirtschaft, Kultur, Politik, die sie später, irgendwann, vernichten werden.

Ich wünsche mir eine Republik, gefüllt mit ehrlichen Gefühlshumanisten und Poesiemillionären, mit denen man krampffrei, kampflos glücklich ein paar Biere ohne materielle Lebensabgleiche trinken kann. Alle lebensnotwendigen Grundbedürftigkeiten der Menschen stelle ich hiermit nicht in Frage, sondern rücke sie in den Vordergrund. Genau diese sind in Gefahr.

Es ist die Sache des Staates, als Mutter seines Volkes, Brot und Wasser gerecht an seine Kinder zu verteilen.

»Herr Lehmann, du predigst im Künstlerkommunistenwahn, statt deinen Text zu schreiben.« »Mein Spleen ›Kommunismus‹ ist für mich keine Wahnvorstellung, sondern die Idee eines, der größten menschlichen, leider noch sehr theoretischen Kunstwerkes.«

Es ist immer wieder zu modellieren, zu moderieren, vor allem den neuen gesellschaftlichen Bedingungen anzupassen. Ein Kunstwerk, das wegweisend allen Menschen zugewandt, die positive Veränderung der gesellschaftlichen Beziehungen aufzeigt. Kapitalismus scheißt die Menschheit zu Grunde. Erfahrungen zeigen es täglich, zunehmend, weltweit. Wer es nicht begreift ist ein dummes Schwein, oder ein Systemschmarotzer. Den Meisten wird es schwer fallen, den Einen von dem Anderen zu unterscheiden, vor allem bei sich selbst. Wir müssen aus der Hypnose unserer Unterdrücker flüchten, zurück zudem, weswegen wir auf dem Erdball sind.

Meinen Text hatte ich im Morgengrauen des heutigen Tages entworfen. Der schnelle Wurf gelang mir nach einer Tour mit dem Rad in die elitäre Mitte von Berlin. Mein Bewegungstrieb am gestrigen, späten Nachmittag spülte mich in eine Bar im perfekten Luxusinterior. In ihr befanden sich makellos verhüllte, sich wichtig zur Schau stellende Menschen, die ständig auf ihre Rolex Zeitmesser schielten, dabei dezent mit ihren Mobiltelefonen hantierten, als seien es ihre wichtigsten Körperteile, die es zu zeigen gilt. Der gefühlte Ausdruck ihrer Augen verriet Leere, Gier, schien irreparabel erkaltet. Über Tonnen Edelstahl und Messing gekauert, fiel mir das Kontrastprogramm zur Telekommunikationsdarstellungssucht und Verkleidungsarroganz auf.

Ein schöner Körper in abgetragener Markenverkleidung mit verlebtem, traurigem Gesichtsausdruck, allein. Sie trank unbeteiligt ihren Aperitif, rhythmisch untermalt vom Gebrüll elektrischer Eiswürfelzerhacker. Dezent im Hintergrund dudelte konservierte Glenn Miller Orchestermusik. Aromen von hochprozentigen Drogen, kaltem Eissplitt, Schweiß lagen wie dicker Nebel in der Lounge, um im Ergebnis ineinander zufließen. Klimaaggregate umspülten mich mit seichter, gekühlter Luftmassage, den Duft von ›Boss‹ der Bosse vor sich hertreibend. Von allen Beobachtungen bereits betäubt, nahm ich an der Bar Platz. Ich stand wieder auf, wollte aufs Klo. Zuvor sah mich der Diener noch fragend nach meinem Getränkewunsch an. Schon zum Klo laufend bestellte ich ein Bier, ergänzend ein Getränk ihrer Wahl, deutend auf die mir aufgefallene traurige Dame, die ihren Platz neben mir hatte.

Das voll automatisierte Pissoir hatte die Größe der Wohnung eines Sozialhilfeempfängers, eine wie wohl nur dem Tod vertraute Atmosphäre einer gerichtsmedizinischen Kachelstube, wie alles dort. Willkommen in der Citymitte Deutschland. Nachdem ein Sensor mein urinierendes Geschlechtsteil fotografiert hatte, spülte es. Gleiches geschah mit meinen Händen beim waschen und trocknen. Berührungslos, distanziert kommunizierten meine Körperteile mit den weißen Möbeln. Das Trinkwasser zischte und sprudelte in ihnen. Ich sehnte mich nach dem bestellten kalten Bier.

Das Bier, mein Bier, auch das spendierte Mixgetränk ruhten unangetastet auf dem Tresen. Die Flasche war mit Kondenswasser beschlagen. Das nebenstehende Glas so sauber wie das Pissoir. Ich trank aus der Flasche, ließ das Glas unberührt. Sie erhob dankend, teilnahmslos ihr Glas, prostete mir, ohne mich anzuschauen, mit der wohl immer situationsbedingt wiederkehrenden Bemerkung ›ich ficke nicht mit dir für einen Drink‹ zu. Aha Showtime konterte ich, beließ es dabei.

Unser Kontakt wird durch den elektrischen Eiscracker, bedient durch den Jüngling mit weißem Hemd, dekoriert durch eine umgeschnallte Fliege mit Schnellverschluss, unterbrochen. Gefrorenes kaltes, klares Trinkwasser wird zerstört für coole Drinks eiskalter Fressen. Vor der Bar wurden die Bürgerwege von mit katalysatorfreien Ottomotoren betriebenen Blaswerkzeugen vom Tagesdreck gereinigt. Ein völlig betrunkener Obdachloser mit einem Stapel Zeitungen ›Straßenfeger‹ unter dem Arm urinierte von außen gegen die mit edlen Schriftzügen gestaltete Panoramaverglasung der Bar. Er sackte dabei mit seinem heraushängenden, in seiner Hand befindlichen, Geschlechtsteil in seinem eigenen Körpersaft zusammen. Regungslos lag er in seinem Urin, dekoriert von herumfliegenden Zeitungen. Nur die vom Urin durchtränkten Zeitungen blieben liegen, da sie wie ihr Verkäufer zu schwer waren, um mit dem Wind zu fliegen. In der Bar blieben alle nach einem Augenblick in Richtung ›Absturz‹ kopfschüttelnd in ihrem Mammonkorsett sitzen, nippten stupide, lässig, weiter an ihren Long Drinks, begleitet von kleinbürgerlicher oberflächlicher Konversation. Der Boy hinter dem Tresen langte zum Telefon, rief die Polizei, legte auf. Anschließend ging er an seinen Kassencomputer, druckte steuerlich absetzbar anerkannte Bewirtungsrechnungen. Luxuriös gekleidete Bürger kamen, andere schritten aus der edlen Bar. Sie stiegen in zuvor bestellte Taxen. Der Fahrer stellte den Taxameter auf Anfang, fuhr ab. Gleiche Bürgertypen liefen vorbei, wandten ihren Blick, scheinbar geblendet vom austretenden Licht der Bar, ab.

Der Obdachlosmann lag immer noch regungslos, angestrahlt vom kalten Neonlicht der Bar. In sich zusammengesackt, begann er zu kotzen. Danach lag er wieder regungslos in Kotze und Pisse.

Das neben mir befindliche, traurige Mädchen eilte zu ihm, brachte ihn in die stabile Seitenlage. Dem zarten Mädchen half niemand. Derweil Schritt ich zum Barmann, ihn ruhig bittend, telefonisch den Notarzt zu rufen. Der ist nur besoffen, weigerte er sich, das Notruftelefonat zu führen. Ich lief hinter den Edelstahltresen, griff zum Hörer, wählte erregt die Lebensnotrufnummer.

Zwei uniformierte Straßenläufer waren zwischenzeitlich präsent, agierten brüllend, hilflos an der in Kotze und Pisse liegenden Menschenmasse, der sie keine Regung entlocken konnten. Sie brüllten in Kotze und Pisse, Pisse und Kotze, in den Rest der Gesellschaft, der zunehmend übrig bleibt. Der Rest ohne Artikulation, der keine Lobby hat, als unbrauchbarer Ballast des herrschenden Systems. Sie nutzten ihr Bullenbrüllorgan, jedoch nicht ihre Hände. Lediglich machten sie behutsam, stochernd, von ihren Gummiknüppeln gebrauch, ebenso erfolglos. Bevor Sie ihre Schlagwerkzeuge in den Gürtelhalter steckten, wurden diese, wie in eine andere Welt zurückkehrend, gereinigt.

Irgendwo im Zwielicht des Geschehens registrierte ich verschlüsselte neobraune Symbole auf Körpertextilien.

Die beiden Staatsdiener standen hilflos, lächerlich wie Dick und Doof, vor Kotze und Pisse. Eine groteske Pose, im ernsten Moment. Der Dicke spielte verlegen mit seinem Mobiltelefon herum. Ich verfolgte die Tastaturkombination, informierte ihn ›nicht mehr nötig, habe ich erledigt‹.

»Sie gehören dazu?« Doof schaute mich, auch die neben mir stehende Cocktailgöttin, eine kurze Antwort erwartend, an.

»Gehören sie zu dem?«

Er zeigte auf den Obdachlosen wie auf einen Haufen Scheiße, zuckte kurz mit dem Kopf, um seiner Autorität mehr Ausdruckskraft zu verleihen. Ich verspürte keine Lust auf kurze Antworten, erwiderte daher ausführlich: »Er ist ein Kind des Kapitalismus, wir sind Kinder des Kapitalismus, ungeliebt. Sie sind die geliebten Kinder des Kapitalismus, stellen daher hier wirklich die falschen Fragen, Herr Beamter. Sollten Sie jetzt die Antwort verstanden haben, gehöre ich mehr zu ihm als zu Ihnen.« Doof verstand nicht, entgegnete sich erregt positionierend: »Es geht hier nicht darum, wer zu wem gehört. Ihren Ausweis bitte.«

Ich gab ihm mein Personaldokument mit der Bemerkung: »Verstehe ich jetzt nicht! Sie fragten mich doch aber eben, ob ich zu dem gehöre?«

Neben uns hielt ein grüner Transporter mit eingeschaltetem Blaulichtsignal. Zwei gleichartige Beamte quälten sich aus der klimatisierten Kiste.

»Gibt's Probleme?« Doof erwiderte beiläufig, alles unter Kontrolle zu haben, während er lange lesend, meinen Ausweis an die gerade eingetroffenen Kollegen weiterreichte. »So, Herr Lehmann, jetzt gehen sie mit meinem Kollegen mit, er wird ihre Personalien registrieren.« »Wozu?« »Für alle Fälle!« »Welche Fälle?« »Alle Fälle!« »Die Entscheidung des betreffenden Falls überlassen sie bitte uns, Herr Lehmann.«

Ich wurde das Gefühl nicht los, im grünen Bus auf der Anklagebank zu kauern. Der Ausblick war durch die erhöhte Sitzposition passabel. Lieber würde ich allerdings mit der Schönen Bier trinkend am Tresen sitzen. Das Notarztfahrzeug war immer noch nicht vor Ort, dafür eine sich langweilende, dumpfe, neugierige Menschentraube. Alle drängelten sich um den zusammengebrochenen Obdachlosen herum, als wollten sie ihm eine Zeitung abkaufen. Es waren Bürger mit entsprechenden Charakterstrukturen. Ich konnte schadenfrohe Gesichter mit kleinbürgerlicher Entrüstung registrieren. Das Lächeln Einiger galt dem eigenen, kleinbürgerlich monotonen, scheinenden Lebensglück, das so etwas nie zulassen würde. Sie brauchten diesen lebensnahen Anblick wie eine Droge. Sie verhielten sich wie lästige Voyeure, nur um festzustellen wie gut es ihnen geht. Verachtung, Hass, Ekel verdrängten endlich, für kurze Dauer ihre konstant anhaltenden Neidgefühle sowie den gesellschaftlichen Leistungsdruck, dem sie sich stets unbedenklich beugen. Ihr untertänig geführtes Arbeitsleben in verseuchten Büros oder Fabrikationshallen lässt ihre soziale Kompetenz und emotionale Intelligenz verrecken. In Folge ihrer zunehmenden Ausbeutung definieren sie ihren Stressschweiß zum Luxussekret der Mittelschicht, mit dessen Hilfe sie sich wie Sklaven die materiellen Statussymbole der menschlichen Außenwelt, erarbeiten. Ihre Situationsrethorik beschränkte sich auf:

›Der ist ja besoffen, hat sich angepisst‹ oder ›für dieses Pack zahlen wir auch noch Steuern‹.

Es ist der Typ von Massenmensch, der dem Dachstuhl der Ausbeutergesellschaft die zur Stabilität unverzichtbaren Nägel einschlägt. Angewidert schauen sie auf die Abgestürzten herab, thematisieren den Vorfall unter Gleichgesinnten, um den stupiden Alltag zu brechen. Es ist das Bürgertum, das seine deutschen Söhne stolz in den Krieg gegen den ›Terror‹ nach Afghanistan entsendet. Wie fetter Speck liegen sie in einer immer heißer werdenden Pfanne. Auch ihnen wird das Lebensfett langsam, unbemerkbar entrinnen. Bis dahin müssen sie sich am Untergang der sichtbar Gescheiterten laben, um ihr Selbstwertgefühl hoch zu skalieren. Nach unten treten, nach oben ducken. Sie sind die kleinen Untertanen, kleine Dietrich Hesslings, die konstant disziplinierten, angepassten, unlebendigen. Frigide Frauen sowie Männer mit Erektionsproblemen. Am Abend können sie befriedigt mit Rückblick an das Erstierte im TV ›Wer wird Millionär‹ glotzen. Dazu trinken sie im glänzenden Hausanzug aus edlem Velours, selber glanzlos, Likörchen aus dem Niedrigstpreisregal. Pünktlich in den Nachtanzug, morgens in den Arbeitsanzug, am Nachmittag in den Sportanzug, danach wieder in den Hausanzug. Ein Lebenskreislauf von Verkleidungen, in die Öffentlichkeit ›ich bin zufrieden‹ signalisierend. Ein Leben in Maßkonfektion, ohne eigene Abbilder ihrer Persönlichkeit oder ihres eigenen Denkens. Es sind die, die da nicht denken müssen, denn sie sind zufrieden, glauben sie. Von der Unterschicht werden sie verachtet. Die Oberschicht belächelt ihr zufriedenes, diszipliniertes, angepasstes Leben, permanent kontrollierend, dass in ihm nicht das ›Denken‹ beginnt. Gefangen sitzt die kleinbürgerliche Mittelschicht zwischen der Unter- und Oberschicht, eingepresst wie Butter im Klappbrot, langsam dahin schmelzend. Ihre langsame Verflüssigung lässt sie meist vom Unterbrotkanten unkontrolliert aufsaugen. Da sie als Leistungsträger immer weiter aus dem Fokus der Gesellschaft geraten, ist es ihre Art, mit ihrer Nichtachtung umzugehen. Unschuldig daran sind sie nicht. Ihre soziale emotionale Entwicklung selbst boykottierend, um in ihren Hirnen für jene Überlegungen Platz zu machen, wie sie mit ihrem Arsch noch besser an die Wand kommen, sind ihre emotionalen Hirnfunktionen verkümmert. Ihr krankhafter arroganter Egoismus hat sie menschlich nach unten isoliert, nach oben limitiert.

Gelassen hat man ihnen Pornos mit minderjährigen Protagonisten, Sexhotlines, mit denen sie sich zum Erguss hetzen, während sich die Gattin elektrische Kunststoffspielzeuge der Erotikindustrie zwischen ihre Lippen presst. Als öffentliche Beigabe werden massenhaft Autohäuser, Discountergewerbeparks, Ekelfressketten nebst Infrastruktur gestellt, damit sie sich an Sonn– und Feiertagen nicht langweilen. Massenhafter Konsumterror befriedigt ihr Leben als Befürworter ihrer Existenz. Die Existenz der von der Gesellschaft im Dreck Begrabenen rechtfertigt die Sturheit ihrer Handlungen sowie die Unartigkeit des Denken ihrer Hirne, die konserviert wie Ei, Gurke und Sülze in Aspik in ihren frisierten Schädeln ruhen. Menschliche Schicksale aus der Unterklasse saugen sie gierig wie ein trockener Schwamm auf, um festzustellen, dass sie noch leben, besser leben. Die Tagesschau mit Weltschaukatastrophenbildern gehört zum Pflichtprogramm, um beruhigt einschlafen zu können.

Umgeben von Uniformierten während meiner Beobachtungen, wurde ich durch den, in den Bus eintretenden Getränkediener gestört. Er bestätigte meine Gefühlswahrnehmungen von einer Welt in Kotze und Pisse mit der Aufforderung meine Rechnung zu begleichen, bevor mich die Beamten abtransportieren. Angekommen in der Realität, bat ich den Untertan der Suchtindustrie, mir den Beleg in den Wagen zu reichen. Kühl realisierte er die Übergabe, ließ meine Zahlungsmittel in seine Berufsbörse gleiten.

Die von außen gaffenden Passanten waren in ihrer Kreativität der Auslegung dieser ortsverschobenen Zahlung meiner Zeche nicht zu übertreffen. Ihrer vermuteten Zechprellerei gaben sie die Mitschuld an der überproportionalen Verteuerung der Genusssuchtgetränke in entsprechenden Trinkhallen.

Nachdem die Ordnungshüter meine Personalien registriert, telefonisch den entsprechenden Abgleich hergestellt hatten, wurde ich mit dem Hinweis entlassen: »Sie dürfen jetzt gehen, Herr Lehmann.« »Wohin darf ich gehen?« »Wohin Sie wollen.«

Ich stieg aus dem Grünen, umringt von der öden nach vorn gebeugten Menschenmasse, wie ein im Drogenexzess befindlicher Rockstar. Ihre Mäuler standen offen wie Schnellschussgewehre, bereit, bei falscher Bewegung gezielte Salven abzufeuern. Ihre Zungen leckten dabei ihre Lippen feucht, ihre Mäuler legten funkelnde Edelmetalle frei. Stumpf dagegen folgten mir ihre Augen.

Ich erspähte meine Begleiterin, schritt auf sie zu. Mit dem Rücken zu ihnen gewandt, spürte ich, wie sich automatisiert synchron ihre Köpfe in die Richtung meiner Schritte drehten. Es waren Schädel mit analogen Gedanken. Kurzschlussreaktionsverdächtig folgten Bemerkungen wie: die passen zusammen, saufen und ficken, können ja morgen ausschlafen, holen sich ihre Suchtmarken vom Staat.

»Komm, wir lassen den kakerlakenähnlichen Bürgerhaufen hinter uns, steuern in kurzer Distanz zum Cafe Zapata.«

Ich schob mein Fahrrad rechts, links die Fremde neben mir her, beobachtete ihre gazellenartige makellose Körperhaltung. Betont durch ihre zwar abgetragene, schrill bunte, interessante Konfektion taufte ich sie ›Bunte‹. »Bunte!« »Mit wem sprichst Du?« »Mit Dir!« »Ah, schön!« »Wie erging es dem Zeitungsverkäufer?« »Der Notarzt nahm ihn nach kurzer Untersuchung sofort mit.« »Mit Blaulichtsignal und Martinshorn?« »Mit Blaulichtsignal und Martinshorn!«

Sie erhob ihr mit Strenge gefülltes Gesicht, hinterfragte meine Gegenwart in der Wartezeit auf den Notarzt. »Ich saß im meine Personalien hinterlassend im Staatsbus.« »Für welchen Fall?« »Für alle Fälle!« »Verstehe ich nicht!« »Es gab nur den einen Fall des in seinen Exkrementen liegenden Menschen, während du den Beamten deinen Identifizierungsschein reichtest!«

Die Bullen hatten ihr Alltagsmodell absolviert. Die permanent passiven Gaffer wollten ihren grauen Alltag brechen, den sie im Unterbewusstsein als Gefangenschaft begreifen. Er ist Teil ihrer zunehmenden, immer wiederkehrenden Dummheit, ohne Abberufungswunsch. Dazu gesellt sich ihre Anpassungsfähigkeit als Ausdruck eines auf Funktionalität reduzierten Lebens. Sie werden im dritten Weltkrieg, in den dann eingerichteten Konzentrationslagern leichter als Gefangene überleben als wir. Wahrscheinlicher ist, dass sie als Aufseher mit entsicherter Knarre vor uns stehen. Dann können sie uns quälen bis wir uns in die Hosen urinieren. Hosen voller Scheiße und Pisse. Ihre Welt voller Scheiße, Pisse und Kotze. Sie müssen dann nicht mehr nur lüstern zuschauen, wie die Gesellschaft schleichend einige von uns auf öffentlicher Straße hinrichtet.

Dann haben sie die Legitimation, ihre sadistischen Hassgefühle und ihre verkappten Machttriebe direkt zu leben. Ihr Glaube ist ihr Geld, an dem sich ihre Handlungen sowie Anschauungen orientieren.

Das soeben erfahrene taugt für eine Performance, schauspielerisch an dekadenten Orten Berlins dargestellt. Tausende Freiwillige sollten sich versammeln, um die Zustände von tausenden Obdachlosen, Pennern und Bettlern realistisch, mit austretendem Blut, Kot, Urin, Erbrochenem aus allen Körperöffnungen darzustellen. Vor Ekel erregt würden die Gaffer ihre Schoßhunde von unseren gespielten Opfern entfernen, die eher als sie erkannt hätten, dass die auf die Straße fließende Kotze, Scheiße, Pisse ersatzweise aus Lebensmitteln für den Kunstakt hergestellt wurde. Alle Tölen würden die tief gefallenen Künstler von oben bis unten ablecken, um sie anschließend anzuurinieren. Die Hüter der Ordnung lassen wir Champagner trinkend, fröhlich, tanzend, umherwanken. Musikalisch im letzten Akt des Theaters, durch sägende Gitarren, infernales Bassgepolter, vor mystischen Drummmauern, untermalt durch hysterische, schräge, Nuttenharfen begleitet. Unsere Hauptdarsteller würden durch die tiefen, finsteren Klänge tanzend auferstehen, mit Blut, Urin, Erbrochenem, die Zuschauenden besudeln. Anschließend holen sie ihre überdimensionalen Kunstschwänze, mit prall gefüllten Eiern voller Tinte hervor, bespritzen die gaffenden Passanten. Diese werden sofort empört die Staatssicherheitsmacht rufen, uns anschließend wegen Körperverletzung verklagen, vor allem wegen Sachbeschädigung. Jedes deutsche Gericht wird uns zur Zahlung von Schmerzensgeld verurteilen.

Drecksackjournalisten der bürgerlichen Presse werden keine Zeile darüber in ihre Laptops hacken, da sie die Performance nicht verstehen, sich als Beklagte fühlen. Sie stürzen sich lieber auf extreme Gewalttäter, die auf öffentlicher Straße Menschen zu Tode treten, dabei von öffentlichen Videokameras gefilmt. Pseudoerregte Politiker können dann den Überwachungsstaat mit neuen Gesetzestexten forcierend untermauern, begleitet durch die verkaufsfördernde brutale Perfektion dieser Fotos im Großformat auf der Hauptseite der Blödzeitung.

Da schließt sich der Kreis ihrer Leser, zu denen eben vor dem sozialen Leid der Anderen gestandenen. Aus der Nähe und Ferne betrachten sie, sozial gesichert, die gesellschaftlich wachsende Unbalance und deren Folgen, während sie ihr eigenes materielles Kleinbürgerglück, verantwortungslos, onanierend bejahend, hetzend, tratschend verteidigen.

Im Zapata angekommen, erzählte mir die Bunte ihre Lebenskarriere in allen Facetten. Wir tranken herrliches kaltes Bier, direkt aus der Flasche. Sie kam von ganz oben in das jetzt ganz unten, ist trotzdem oder gerade deswegen ein solidarischer Mensch geblieben. In ihrer gegenwärtigen, depressiven Abseitsposition ließ sie den Weltgenozid, als Karriereendziel der vorherrschenden Weltordnung, als Lösung der Besinnung der Menschen, verlautbaren. Getreu dem Motto: ›Alles auf Null‹. Dazu spielten exzellente Musiker auf der abgedunkelten Bühne. Sounds aus sägenden Gitarren, infernales Bassgepolter, vor mystischen Drummmauern, untermalt durch hysterische, schräge Nuttenharfen.

Spontan fuhr ich nach Hause, schrieb meinen Text.

Gernot hatte die ganze Zeit gut zugehört. Stumm schüttete er eine große Menge an Weinschorlen dabei in sich hinein. »Wie heißt der Song, Herr Lehmann?« »Frischfleischbürger!«

6
Dauerprogramm Sehnsucht

Nach Mitternacht, ich kam vom Lokus, schlief Gernot, sitzend, schnarchend, mit schreienden Augenschattierungen, die mich zum gehen aufforderten. Ich belief es in dieser Nacht beim Versuch der musikalischen Aufbereitung, lief sogleich durch die Nacht zum ›Carbaty‹, in der unsterblichen Hoffnung der Begegnung mit Gleichgesinnten.

Nach Kilometern finsteren Nachtlaufs stand ich vor dem beleuchteten Suchtcafe. Die Offenbarung einer Oase in der Wüste der Nacht war die Belohnung meiner monotonen Lebensgangart in den letzten Minuten. Ich betrat das Paradies, in dem Enzo am hintersten Tisch neben der Tanzfläche saß, erblickte auch Jakob, der lasziv auf derselben alleine tanzte. Es war beobachtungswert, wie er mit halb erhobenem Haupt, dabei immer wiederkehrend, aus den Augenwinkeln nach den sitzenden schönen Mädchen schielte. Den musikalischen Rhythmen verfallen, bewegte er seine Hüften mit dem daran hängenden flachen Arsch wie ein Eintänzer, dabei die Mädchen ernst und scharf, durch seine Brille mit stark zusammengekniffenen Augen, fixierend. Mit dem Eroberungsbewusstsein eines Machos hob und senkte er sein Haupt als Aufforderungsgeste, zu ihm auf die Tanzfläche zu kommen. Doch trotz der Überzeugung Jakobs, gut auszusehen, dazu sich unwiderstehlich tanzend bewegen zu können, blieb er der einzige, letzte Tanzbär an diesem Morgen. Seine Chancenlosigkeit begreifend, kam er nach dem letzten Song schimpfend zu uns an den Tisch.

Als die beste Art der Verabredung, sich irgendwann an einem dafür bestimmten Ort zu treffen, begrüßten wir uns fröhlich, dabei drei Frische bestellend. Jakob erzählte von seinen gescheiterten Diamantengeschäften sowie ficklosen Frauenkarambolagen. Enzo berichtete von seinem, in seiner Gesamtheit, gescheiterten achtmonatigen Aufenthalt in der poetischen Hauptstadt Deutschlands, einsichtig, die wohl unaufschiebbare Heimreise nach Mailand in Kürze anzutreten. Er schwärmte von den schönen Frauen Mailands, dabei feststellend, dass sein Leben nach der Rückkehr in die Design- und Wirtschafts-metropole Italiens wieder ultrahart werde, daher seine Sehn-sucht weiterhin Berlin gelte. Als Maler könne er in Mailand finanziell gesicherter leben.

Die Kellnerin tauschte unsere Gläser. Sie war für mich die Schönste von allen. Ihr gut proportionierter Körper war mit Sommersprossen verziert. Dazu passte der rote Kurzhaarschnitt im Krausharrdesign. Aus den Achselhöhlen schielte mich die Beharrung, mit Schweißtröpfchen benetzt, an. Enzo registrier-te meine Begrüßung und Bewunderung für das Bier transpor-tierende weibliche Geschöpf Gottes. Nachdem sie uns ihren muskulösen prächtigen Arsch zuwandte, verbarg Enzo sein grin-sendes Gesicht im frischen Bierschaum. Jakob saß nervös breit-beinig, den Oberkörper flach über den Tisch wankend, auf sei-nem Stuhl. Sein Kinn berührte beinahe die hölzerne, von ver-schiedenen Getränken verkrustete, Tischplatte. Er hatte der Schönsten keinen Moment Aufmerksamkeit geschenkt. Aggres-siv, nervös galt sein Blick immer noch den Mädchen am Tisch gegenüber, die ihm jedoch keine Geesten widmeten. Als ihm bewusst wurde, auf keiner der jungen Damen in den folgenden Tag reiten zu können, stand er auf, verließ, sich spontan verab-schiedend, die Bierhalle.

Das von ihm missachtete, unberührte Bier teilte ich in unse-re bereits geleerten Gläser. Enzo lächelte, im Wechsel seiner Bli-cke vom Tresen zu mir. »Warum ist Jakob wütend?« »Sein Selbst-wertgefühl leidet stark, wenn keine Frau mit ihm ficken will, ja noch nicht einmal mit ihm tanzen möchte. Er benimmt sich wie ein pubertierender Lümmel, mit dem kein Mädchen auf die ero-tische Entdeckungsreise gehen mag. Seine Verzweiflung gibt ihm jetzt die Kraft, auf dem Weg zum Bus jede verfügbare Frau an-zuquatschen, um sie direkt zu fragen, ob sie mit ihm ficken will. Er nutzt seinen Trieb jetzt da draußen, wo ihm die Auswahl grö-ßer erscheint und es keine Zeit mit Vorspielen zu verschwenden gilt. Es funktioniert sogar häufiger, als unsere Vorstellungskraft es zulässt.« »Du erzählst Quatsch, Herr Lehmann!« »Nein, Enzo! Ich habe es oft genug miterlebt. Jakob braucht das, um nicht vor Minderwertigkeitsgefühlen verrückt zu werden, um darauf folgend in wochenlange Depressionen zu fallen.«

Ein Eroberungsfick stärkt im Allgemeinen das Männlichkeitssymbol. Es ist die Kraft der Frauen, die den Mann erstarken lassen, was bei unserem Freund ebenfalls zutrifft, leider nicht lang anhaltend. Jakobs Geschäftsleben ist von geistigen und finanziellen Investruinen gepflastert, Familienbindungen existieren nicht. Freundschaften sind bei ihm sehr kurzlebig, meist enttäuschend. Hobbys hat er keine. Das weibliche Geschlecht ist sein Lebenszielobjekt. Das Ziel ist erreicht, wenn sein Geschlechtsorgan in dem der Frau steckt. Für Jakob das größte gegenwärtig einziges, Symbol seiner Männlichkeit.

Enzo verriet, dass er sich nur als Mann fühlt, wenn er den Frauen in den Mund fickt. Schuld daran ist seine Mutter. Er fühlt so Macht über die Frauen, und kann die Rolle des Überlegenen einnehmen. Unsere Unterhaltung wurde durch das Kredenzen von Kaltgetränken durch die Schönste von allen unterbrochen. Wir genossen ihre kurze Gegenwart, bedankten uns mit einem aufrichtigen Lächeln, das nicht abebben wollte.

Dieses kleine Ferkelchen ist ein Kunstwerk bemerkte Enzo. Mit einem kleinen dunklen Oberlippenpflaum, dazu einem fetten Pickel auf der Nase, wäre sie meine Traumfrau. Sie ist eine lebendige Skulptur, die ich gerne zeichnen möchte, nackt. »Frag sie, Enzo.« »Ich traue mich nicht.« »Dann kannst du sie auch nicht zeichnen, nackt.« »Aber du, Herr Lehmann, kannst heute Nachmittag zu mir kommen, dich von mir porträtieren lassen. Hast du Zeit und Lust?« »Von ihr zu mir als Opfer deiner Zeichenkunst zu kommen, ist ein Kompliment für mich. Jedoch werde ich nicht nackt vor dir nieder knien, um dein Machtritual über mich ergehen lassen. Nein, nein Herr Lehmann, ich möchte dein markantes Gesicht porträtieren, keine Angst.« Wir mussten beide laut lachen, dabei bemerkend, dass wir die letzten Gäste waren.

Ich begleitete Enzo zum Bus, bevor wir uns herzlich bis zum Nachmittag verabschiedeten. Nachdem der Bus in Richtung Weißensee fuhr, ging in meinem Kopf die aus der Nacht mitgenommene Musik der Red Hot Chili Peppers wieder an. Mein Magen brummte seinen unerträglichen Bass dazu, er verlangte schnell nach etwas Essbarem. Ich schaute in die Hauptstraße, die zum S- Bahnhof Pankow führte, wählte den nahe gelegenen Kebab Imbiss. Auf unsere türkischen Mitbewohner konnte ich mich verlassen.

Dort standen sie freundlich, gepflegt, behangen mit massivem Goldschmuck, erwarteten mit grinsendem Gesicht meine zögerliche Bestellung. Ich weiß immer nicht, was ich dort außer Kebab essen könnte. Also bestellte ich Kebab, mit grünem Salat, dazu reichlich Zwiebeln. Den Tee mit viel Zucker.

Die Wartezeit der Zubereitung füllte ich mit einem Bier aus dem Selbstbedienungskühlschrank. Meinem Wunsch, am großen Fenster direkt an der Hauptstraße zu sitzen, waren einige, viele, schon zuvorgekommen. Es waren, wie ich vermutete, deutsche staatlich Transferleistungsberechtigte, die unangestrengt friedlich billiges Flaschenpilsner tranken. Härtere alkoholische Drogen holten sie aus ihren abgetragenen Jackentaschen, genehmigten sich einen kleinen Schluck, ließen die Flasche geschickt verschwinden, schauten wieder aus dem Fenster. Dazu rauchten sie selbst gedrehte, filterlose Zigaretten, gefüllt mit dunklen Discounttabaken. Wenn ihre Pilsflaschen leer waren, vollzogen sie den gemeinsamen familiären Kassensturz auf dem Tisch, zählten ihr Hartgeld für die nächste Runde.

Es war ein routiniertes Bühnenerlebnis an diesem Morgen, mit flexiblem Ende. Das Ende war der Anfang. Ihre Maskenbildner hatten sie auf Lebenszeit beurlaubt. Ihre Haut war gelb, porös wie Altpapier. Ihre Fingernägel waren ungekürzt, versprödet. Die zigarettenführende Hand zitterte in nikotingelb, wenn sie den Stummel zwischen die aufgeplatzten, zusammengeschrumpften Lippen steckte. Dabei fiel meist die Asche ab, erstaunlicher Weise nie die Zigarette. Ihre blassen, verwässerten Augen schauten dem Fall der Asche nach, ohne Reaktion. Der nackten Beobachtung folgte der Blick aus dem Fenster.

Ein Quartett unendlicher Aufführungen ohne Proben. Ich zollte den Darstellern meine stille Bewunderung bei, wie schauspielerisch gut sie die Zufriedenheit und Gelassenheit, ihre Zeit zu verbringen, in die Welt ausstrahlten. Sie sind überzeugt von dem, was sie tun, gleichgültig wie sie es tun. Ein anderes, besseres Leben scheint es für sie nicht mehr zu geben.

Meine konzentrierten Beobachtungen wurden durch das Reichen meines bestellten Kebabtellers einschließlich eines

Korbs warmen Fladenbrots unterbrochen, fast gestört. Sofort war mein Hunger beim Anblick der Lebensmittel gegenwärtig, eilig begann ich zu essen. Ich bemerkte, wie frische Energie durch meinen Körper floss, aufquellende Zufriedenheitshormone freigesetzt wurden. Permanentes Lächeln meiner Fratze deutete ich als kurzen Moment großer Befriedigung.

Hunger ist Krieg, Essen ist Frieden. So einfach befriedigend kann das Leben sein, schaute wieder zu den Kleindarstellern, folgte ihrem monoton auf die Straße gerichtetem Blick, ihrem Theater. Ich reihte mich ein, als unauffälliger, in sich ruhender Beobachter.

Die Tram, Linienbusse, Massen von Autos donnerten über das marode Kopfsteinpflaster. Der hohe Schallpegel kam in wellenform gedämpft in das kleine Bistro gekrochen. Unsere Körper vibrierten. Mit ein wenig Phantasie fühlte ich mich wie am Meer. Bei Öffnung der Eingangstür stürzte der Lärm lawinenartig über uns hinweg. Angst machte sich in mir breit, das Großstadtmeer, den grauen Alltagsmorgen zu betreten. Ich entnahm dem Kühlschrank einen türkischen Naturtrinkjoghurt mit kräftiger Salznote. Nach dem Leeren des Einwegkunststoffbechers plagte mich Sehnsucht, Sehnsucht nach einem kleinen grünen Glasmehrwegfläschchen kalten Pilsners. Ich stillte genusssüchtig die aufgekommene Sehnsucht, mein Aufenthalt hier ging in die Verlängerung.

Es begann zu regnen. Ein Grund, weiterhin an diesem Ort als ungeerdeter Beobachter zu verweilen. Untertanen fahren in ihre Fabriken, Büros und Beamtenstuben. Ihre Übertanen tranken gerade ihren Morgentee oder liefen steif ihre Runden am Wannsee.

Das Licht der Straßenlaternen ließen die Schatten der aus dem Fenster schauenden alten Menschen auf die feuchten Granitabdeckungen der Bürgerwege fallen. Sie stützten ihre Oberkörper auf weichen Kissen ab. Ihr trüber Blick streifte gelegentlich das seidenmatt spiegelnde Pflaster, wobei sie mit dem Kopf nicken, erleichtert an den Bewegungen ihres Schattens bemerkend, dass sie noch am Leben waren, allein. Neben ihnen kauert meist ein kleiner Köter. Beide schauten stumm den unter ihrem Fenster laufenden Passanten hinterher. Nur der

Köter grüßte bellend seine Artgenossen in aggressiver Weise.

Erst zu diesem Zeitpunkt bemerkte ich die klobige Glotze über der Eingangstür. Ein türkischer Sender als Dauerprogramm der Sehnsucht. Im hinteren Drittel der Grillstube saßen zwei sich mit dem Tresenpersonal anderssprachig unterhaltende Männer, vermutlich Türken. Sie tranken Tee, rauchten Shisha, jonglierten mit verchromten Stahlkugeln in ihrer linken Hand. Der Ältere trug einen wunderbaren weißen Vollbart, der ihm eine göttlich anmutende Ausstrahlung verlieh. Alle dort versammelten Menschen strahlten Ruhe, aber auch Fremdheit aus, die in mir Neugierde erweckte, ohne es erklären zu können oder zu wollen.

Ich stand auf einem mir vertrauten Fleck der Erde, der vor kurzem noch zur Hauptstadt der DDR gehörte. Weiße Friedenstauben, fröhliche Kinder, soziale Gleichberechtigung, materielle Grundabsicherung, Fremdheit von Krisen und Kriegspropaganda assoziiere ich mit diesen Erinnerungen. Das Gesellschaftsmodell ›Kommunismus‹ war für mich die theoretische Alternative zum Seelendruck der Ausbeuterordnung ›Kapitalismus‹. Es war, bleibt für mich der rote Gott, der gegen menschenvernichtende sowie menschenverachtende Strukturen angedacht ist, für eine weiße Welt. Meine Gegenwartsgefühle im Kebabbistro waren von der Tolerierung der bestehenden Realität, der Verlangsamung der Zeit geprägt. Eine Reise in die Vergangenheit, in die Zeit meiner Auferstehung, in das Land meiner Herkunft, das nicht mehr existiert. Gefühle der friedlichen, erholsamen Seelenbeurlaubung. Hier fühle ich mich als Ausländer ›Made in GDR‹ unter Ausländern. Mein Identitätskonflikt träumt für einen Augenblick den Anfang seiner Auflösung. Irgendwie fängt immer alles wieder von vorne an. Das Leben besteht aus der Aneinanderreihung von kleinen Geschichten und Träumen zu einem großen Geschichtstraum, der vor Vollendung durch den Tod unterbrochen wird, nicht durch das Erwachen aus ihm.

Daher ist es unsere Pflicht, unsere Träume weiterzuvererben, nicht unsere profanen, leblosen Immobilien oder Guthabenkonten. Sie sind nur Symbole unserer menschlichen Oberflächlichkeit, emotionalen Verwahrlosung, egoistischer Verhaltensmuster und Dummheit. Es sind Eigenschaften eines kapitalistischen Europas als Ausbeuter der dritten Welt, das sich am Überfluss seiner materiellen Besitztümer misst und sich in unseren Seelen gewissenlos manifestiert. Die Menschen durchleben ihre Nahrungskette bis zum Tod, ohne ein menschliches Dasein zu fristen. Es ist die soziale Struktur der Besitzbesetzermacht von Eigentumserkämpfung. Wir lassen uns vom Raubtier ›Kapital‹ durch unser kurzes Dasein peitschen, verkrüppeln zum eisernen Wachstumsmotor aus Fleisch, Blut, Gehirn und Genitalien. Der Treibstoff ist die Gier nach maximaler materieller Akkumulation, dem höchsten gesellschaftlich anerkanntem Erfolgsidol. Für dieses verlorene Leben gibt es kein Fundbüro.

Bildhaft verkörpern wir eine kolossale menschliche Pyramide, gestapelt aus Schleimern und Arschleckern. Alle schauen nach oben, dabei den über ihm abschleckend. Gierig werden die Ärsche geleckt, wie Fettglasur mit Eis am Stiel. Viele lecken Wenige. Innerhalb der gleichberechtigten Ebenen werden intrigante Blutkämpfe und Kriege geführt, um mit Hilfe des eigenen Schleims in die nächst höhere Instanz zu rutschen. Dabei müssen wir uns durch Massen von Eingeweiden, Blut und Lebenslügen durchkämpfen. Die physisch, psychisch Sensiblen, die sich selbst Treuen bleiben in den untersten Schichten einzementiert, im Sumpf der Unvollkommen, der Unterschicht. Eine ständig zunehmende Unterschicht etabliert große Massen aus allein erziehenden Müttern mit ihren Kindern, aus kranken und alten Menschen, die für die Oberen kein Kapital erwirtschaftet, ihr Leben daher gesellschaftlich als wertlos gehandelt wird. Seit Jahrzehnten ist die Veränderung der Pyramidenstruktur innerhalb der Kapitalgesellschaften unverkennbar. Sie geht von der Höhe immer mehr in die Breite. Die Versumpfung der Schichten nimmt drastisch in der Anzahl zu, während immer Weniger ihren Arsch mit noch mehr Gold vergolden lassen.

Der Sturz der Pyramide wird mit fortschreitender Zeit immer wahrscheinlicher, indem sich die zahlenmäßig zunehmenden untersten Schichten sowie ehemalige, nach unten gerutschte Mittelschichten nicht mehr feindlich begegnen, sondern sich solidarisierend, für ein klar definiertes ideologisches Menschenmodell kämpfen. Einigkeit würde zuerst die Spitze außer Balance setzen, indem sie dem Hochbau durch organisierten, revolutionären Austritt die wichtigen Fundamente, aus dem Unterbau nimmt. Damit könnten sie sogar die ›Schmarotzer‹ der Gesellschaft begeistern, zu körperlicher, geistiger und kreativer Arbeit motivieren. Kraft durch Freude, positiv neu interpretiert. Rechte, Linke, Christen, Ausländer, Umweltschützer könnten dieser Ideologie bedingungslos folgen. Die Anerkennung der absoluten Wahrheit, dass der Kapitalismus keine sozial gerechte, friedliche Endlösung darstellt, er nur im Holocaust enden kann. Schon der glaubwürdige, konsequente Versuch der Weltmassenmenschen, eine ideologische Umgestaltung vorzunehmen, könnte die Herrscher dieser Welt dazu bewegen die Herausforderung aus Angst anzunehmen, um sie auf ihre Art zu gestalten. Sie würden ihrer Macht willen ihr ganzes Kapital in die Publizierung eines anderen Gesellschaftskonzept investieren, nur um weiterhin vorne zu stehen.

Ein guter Zeitpunkt dafür war im Herbst 1989. Hier haben es die europäischen sozialistischen Ostblockstaaten versäumt, den smarten Sozialismus zum demokratischen Sozialismus umzugestalten. Es bestand die Möglichkeit, unter Anerkennung und Eliminierung der vorangegangenen Fehler, ein alternatives menschliches Gesellschaftsmodell in Freiheit zu etablieren. Beispiellos hätte es eine weltweite Ausstrahlung erzeugt, ein menschliches Erlebnislicht, gleich einer Kunstinstallation auf Erden, für jeden sichtbar am Himmel als klar leuchtende Reflektion und Startsymbol in eine gefühlsgewaltige Zukunft. Eine Zukunft der global vernetzten Sucht nach einem neuen, wirklich menschlichen Lebensgefühl. Das Lebensgefühl als neue immaterielle Droge löst die Droge Geld ab. Völkermassen mutieren zu Aussteigern, zu Ungehorsamen, zu Rebellen gegen ihre Sklavenhändler, deren von ihren Sklaven erarbeitete Kapitalfülle zur Installation eines neuen gesellschaftlichen Konzepts genutzt wird. Ein Konzept, das die Grundbedürftigkeit von Milliarden Menschen zum Primat erklärt und gerechte Verteilungsstrukturen erstellt. Deutschland könnte als hoch entwickelter Kapitalismusgigant im letzten Stadium seines parasitären Krankheitsbefalls die Vorreiterrolle übernehmen, daran gesunden und erstarken. Historisch bestens ausgestattet mit Erfahrungen von zwei aktiv geführten Weltkriegen sowie der markterschließungsgeilen, motivierten, territorialen Einverleibung eines im Osten angrenzenden souveränen Staats, noch lange vor dessen Zwangsversteigerung. Ihren eigenen Kollaps konnten sie damit nur kurz dämpfen, nicht abtöten. Sein Epizentrum wird sich auf ganz Europa verteilen.

Nun stand ich im multikulturellen Imbissland der zugewanderten Nationen, zwischen Interessengruppen, zerfleischter sozialer Schichten, schaute sinnierend in den Morgentau der zerflederten proletarischen alten, neuen Hauptstadt als verträumter, unverbesserlicher Separatist.

7
Immer frei

Enzo öffnete die Wohnungstür mit seinem warmen Lächeln im Gesicht. Diese verdammt ehrliche Herzlichkeit seiner folgenden Begrüßung, mit intelligentem Humor gewürzt, musste ich zwanglos erwidern, um darauf folgend in gemeinsames lautes Lachen zu verfallen. Es ist gut zu lachen, gemeinsam zu lachen. Energie wird freigesetzt, Gefühle von Gemeinsamkeit verbreiten sich gegen die Einsamkeit im Tageskampf. Wir machen es alle viel zu selten.

Zuvor besuchte ich noch eine auf dem Weg befindliche Filiale der Optikerprofitkette ›Schielmann‹. Auch dort wurde ich von einem Dauerlächeln der mich bedienenden hübschen Optikerin bei der Auswahl einer neuen Brille begleitet. Es war ein kaltes, vom Arbeitgeber beauflagtes, erzwungenes Lächeln. Prostitution pur, ohne die der Arbeitsvertrag in Gefahr gerät. Ich spürte den Druck von oben, den die Prostituierte krampfhaft ausstrahlte. Entgegen der Sollwirkung der lächerlichen Arbeitgeberauflagen an seine Angestellte führte sie bei mir als Freier zu einer zwangsläufigen Konsumptionsimpotenz. Die plastinierte Fachkraftfrau trieb mich mit ihrer aufgesetzten Freundlichkeit aus dem Brillenglasladen. So vordiktierte Verhaltensanordnungen wären besser mit Freude und Begeisterung an der Tätigkeit zu ersetzen. Wie müssen sich diese publikumsorientierten Angestellten nach acht Stunden künstlich lächelndem Schauspiel fühlen? Ausgesprochen frustriert und leer, denke ich. Kein Wunder, dass sie sich auf die Rentenzeit als kürzeste Periode in ihrem Leben freuen. Ihre Frustration lässt nach ihrer Heimkehr die Männer in den Hobbyraum oder die Kneipe flüchten. Die Kinder verstecken sich hinter Computerspielkonsolen oder komasaufend unter der Straßenlaterne.

Enzo teilte seine Freude ehrlich, mit zunehmender Begeisterung an diesem Tag. Das Leben unter solchen Vorzeichen macht Sinn und Freude. Er führte mich in sein Zimmer, inmitten einer poesievollen Wohngemeinschaft. Aus dem fünften Stock der rustikalen Wohnmaschine blickte ich auf den Weißenseer Park, der den gleichnamigen See umzingelt. Das Laub der Blätter schillerte in bunten Farben. Der leichte Herbstwind ließ immer einige, wenige von ihnen auf die Erde gleiten. Irgendwann war der Baum nackt, machte den Weg für die Sonne auf die unter ihm liegenden Flächen frei. Es war ein wundervoller Herbst, sehr poetisch, wie Enzo beiläufig erwähnte. Der alte Kachelofen im Zimmer strahlte wohltuende Wärme in den Raum. Überhaupt war die Wohnung von neuzeitlichen Rekonstruktionen bisher verschont geblieben. Schwere Holztüren schlossen die mit über einhundert Jahre alten Hobeldielen ausgestatteten Zimmer ab. Die hohen Decken waren mit Stuckelementen im Jugendstil dekoriert. Alle technischen Ausstattungen waren spartanisch. Nur das Bad und die Küche wurden über Gaswandheizer aus ehemaliger DDR- Produktion befeuert. Erstaunlich wie langlebig Produkte aus dieser Produktionsepoche sind. Ein Mix aus Gründerzeit, künstlerischer Improvisation, mit Erinnerungen an die Produktion des genossenschaftlichen Handwerks.

Weitere Mitglieder der Gemeinschaft wurden mir vorgestellt. Da war Ernst, der ebenfalls gerade beim porträtieren einer schönen Frau die friedliche Stille suchte. Ihre schrullige, mädchenhafte Ausstrahlung muss das Motiv seiner Auswahl gewesen sein.

Enzo fragt mich verschmitzt: »Gefällt sie Dir?« Ohne meine Antwort abzuwarten bemerkte er: »Mir überhaupt nicht!«

Sein knabenhaftes Lächeln beherrschte wieder sein Gesicht, ein sicheres Merkmal seiner Unsicherheit. »Möchtest Du ein Bier, Herr Lehmann?« »Nein Danke, lass uns erst unsere Arbeit verrichten.«

Auf einem für mich bestimmten Stuhl nahm ich, vor Enzo sitzend, Stellung. Enzo mischte seine öligen Farben, begann mit meinem Porträt. In beiden Händen hielt er mehrere Pinsel, die mit verschiedenen Farbtönen benetzt waren. Über seinen Brillenrand schauend, die Zunge zwischen die Lippen gepresst, hoch konzentriert, malte Enzo so schon eine Stunde. In den kleinen Pausen der Begutachtung seiner Arbeit kam immer wieder sein Lächeln über die Lippen. Seine Arbeit machte ihm Freude.

Von meiner Freude am Sitzen blieb nach neunzig Minuten nichts mehr übrig. Ich bat Enzo um ein Bier, ein Signal der Beendigung seines Schaffens, vor allem meiner Disziplin der Stille. Er lief in die Küche, kam peinlich berührt mit der bitteren Nachricht zurück, dass kein Bier mehr da sei, welches er aber sofort aus dem Kaufladen holen werde. Um meinem Wunsch nach Bewegung gerecht zu werden, bot ich meine Begleitung an.

Wir trabten die fünf Stockwerke herab, über in der DDR produzierte PVC- Beläge, geschützt durch Alukantenleisten. Die Designs begeisterten mich derart, dass ich immer wieder meine Bewunderung aussprechen musste. Alle Konsumgüter der DDR haben einen unverkennbaren Wiedererkennungswert, wie die Handschrift eines guten Künstlers aus unterschiedlichen Epochen seines Lebens. Draußen überquerten wir die ehemalige Protokollstrecke des Politbüros der DDR, die damalige Klement-Gottwald-Allee, benannt nach einem ehemaligen Staatspräsidenten der Tschechoslowakischen Republik. In diesem Jahr, zweiunddreißig Jahre nach seinem Tod, wurde Gottwald in einer Meinungsumfrage des ›Ceska televize‹ zum unbeliebtesten Tschechen gewählt. Er war ein stalinistisch geprägter, an Syphilis erkrankter, starker Alkoholiker, der kurz nach dem Tod Stalins starb.

Wir passierten die ehemalige HO- Kaufhalle, jetzt Discountfiliale einer westdeutschen Handelskette, die vorgibt, eine der Günstigsten zu sein. Den im gesamten Selbstbedienungsbereich angeordneten Lautsprechern konnten wir die Tagestiefstpreisangebote akustisch entnehmen, bevor die Halle abermals von widerlicher Musik beschallt wurde. Nach Verlautbarung der Schnäppchen durch eine erotisch warme Frauenstimme lief auch hier ein Großteil der Konsumenten zu den entsprechenden Abteilungen, musterte misstrauisch unter mehrmaliger Prüfung die als Vorteilsangebot angepriesene Ware. Erst kam das Misstrauen, dann überfiel sie die Gier am Sonderangebot. Alles wie immer, die Geiz ist geil Methode, erkennbar am Bunkern von gleich mehreren Tagesangeboten, funktionierte. Die Schnäppchenwerbung wirkt in ihren Hirnen wie Kokain. Das Gehirn wird ausgeschaltet, der Trieb der Gier ist primär, wird so zum Tagesthema, worüber mit Kollegen, Freunden, auch Nachbarn noch ausführlich diskutiert werden kann. Deutsche Königinnen und Könige im Feierabendalltagsrauschsport. Ohne darüber nachzudenken, ob sie die Waren benötigen, kämpfen sie um den ersten Platz der irren Abräumer. Mehr Lebensinhalte gibt ihnen die Gesellschaft nicht vor, mehr haben sie nicht in ihren Hirnen, mehr wird in ihrem Leben auch nicht passieren.

Davon unbeeindruckt, stand Enzo in der Getränkeabteilung, packte konzentriert ordentlich Berliner Pilsner in den Einkaufswagen. Auf Werbebannern sahen wir Bier trinkend die Rockband Pudhys mit der Werbung ›was gut ist, setzt sich durch‹! Beim gepackten Berliner Pilsner mag das stimmen. In der Gesellschaft von Menschen würde bei mir stehen ›wer schlecht ist, setzt sich durch‹.

Unseren Einkauf setzten wir mit dem Kauf von Eierteigwaren aus Riesa, Spülemulsion Fit, vier Schachteln Zigaretten der Marke Gabinet fort. Um die Zigaretten entzünden zu können, packte ich noch ein Päckchen Riesaer Streichhölzer dazu. An der Kasse wartend, eilte ich kurz zurück in die Süßwarenabteilung, holte zwei Tafeln Bambina- Kinderschokolade, um letztendlich festzustellen, dass unser Einkaufswagen ausschließlich nostalgische ehemalige DDR- Produkte beherbergte. Für mich gehören diese Produkte zur Normalität des Alltags. Für die Hersteller ist es ein profitables Geschäft, da viele ehemalige DDR- Bürger diese Produkte, die sie in der DDR verpönten, gerne wieder käuflich erwerben. Sie verknüpfen mit ihrem Kauf Erinnerungen an vergangene Zeiten. Erinnerungen an die Mangelwirtschaft, die Intensität des Beschaffungsaktes, die bargeldlosen Tauschprozeduren sowie die damit verbundenen engen sozialen Beziehungen. Vor allem spüre ich Identifikationskult und Sehnsucht nach einem angstreduzierten, sozial abgesicherten, gesellschaftlichen Leben, zu Einheitspreisen.

Die Kassiererin benannte die Geldsumme unseres Einkaufs. Nach dem Zahlungsakt stieß ich Enzo in die Seite, dabei erwähnend »jetzt wird gewünscht, was gewünscht werden muss«. Prompt folgt meiner Aufmerksamkeitsandacht der Standartwunsch für einen schönen Tag, durch das junge Kassenmodel mit heftigem Dekolleté. Wir grinsten, luden die Mittel zum Leben, auch das Kassenmodel, freundlich fragend ein. Entgegen ihrer vorangegangenen Freundlichkeit, lehnte sie resolut unfreundlich die Einladung ab, da wir hier nur Lebensmittel, aber nicht sie kaufen könnten. Sofort erklärte ich Frauen zu Lebensmitteln, zu Waren des Discountunternehmers, der sich vor ihrem Einkauf nach dem Tiefstpreis bei hoher Qualität und Quantität der Arbeitskraft, in Form von tabellarischen Lebensläufen der Produkte »Kassiererin«, erkundigt hatte. Enzo widersprach, für sie etwas bezahlen zu wollen, er wollte lediglich ihren schönen Körper zeichnen, nackt. Er musterte sie dabei gierig in ihrer Kassenbox wie ein verurteilter Exhibitionist, dessen Bewährungsfrist noch nicht abgelaufen war.

Die hinter uns stehende Kundin im kleinbürgerlichen Standard beschimpfte uns als Männer, die immer nur das eine wollen. Mein Freund wollte die Dame an der Kasse zeichnen, kommentierte ich! Zeichnen nennen sie das jetzt? Sie meinten doch … ficken!? fiel ich ihr ins Wort. Jawohl, ficken wolltet ihr, konterte sie erregt. Sie reagieren, als fühlten sie sich unbefriedigt, von der Männerwelt ungeachtet, als Frau nicht anerkannt. Denken sie mal drüber nach, Zeit dafür scheinen sie zu haben. Ohne die Antwort abzuwarten, zog ich Enzo, parallel unseren Warenwagen aus dem Kaufgewühl.

Wir kämpften uns durch den Verkehr der Magistrate der ehemaligen Volksbonzen, von roten herrschsüchtigen Machtarbeitern, verkleidet im Anzug der Idee der sozialistischen Ordnung, der Demokratie der Produktionsmittel.

Im großzügig dimensionierten Küchenabteil der gemeinschaftlichen Lebensstätte von Enzo, nebst Kulturkameraden, öffneten wir zwei der dahergebrachten Pilsner, läuteten das Ende unserer Zweisamkeit ein.

Die Wohnküche beherbergte eine aus Leichtbauplatten installierte schmale, schlanke Box mit einer zu uns zeigenden Verglasung. Ihr entsteigend, stand Ernst in der Küche, den Reisverschluss seiner Hose langsam schließend, bat um zwei Bier und uns um unsere Musikwünsche. Neugierig schaute ich in die DJ Box, erblickte das schrullige, sich ankleidende Aktmodell zwischen hunderten von Schallplatten mit dem dazugehörigen technischen Equipment. Das zweite Bier war für sie. Oho, hatte die unbefriedigte Frau in der Kaufhalle wohl doch ein wenig Recht? Die Schrulle war Ernsts Muse, wie ich später erfuhr. Ernst schaute uns abwartend, lächelnd an. »Can! Hast du Platten von Can? Ich möchte Can hören.« Ernst nickte, legte eine Platte auf den Plattenteller. Höre ich Can, höre ich den Ruf einer anderen Galaxie. Ich glaube an das Spirituelle, an die Anwesenheit unbekannter, unsichtbarer Beobachter, an ein Volk voller Götter. Can ist die gegenteilige musikalische Erfahrung zum Pilsnerdrogenwerbesong der Phudys. Enzo belobigte mit einem lautem ›phantastisch‹ die Wahl des musikalischen Stils. Mit einer geblümten großmütterlichen Kittelschürze bekleidet, bereitete er eine Pasta.

Enzo war der Mailänder Snob unter uns. Elegant im Mailänder Stil gekleidet, täglich rasiert, Kurzhaarschnitt mit Edelmetallbrille. Durch diese schaute er stets unbeholfen, fragend und lüstern. Mit der im Grundton dunkel gestylten Schürze, dekoriert mit roten Rosenblüten, spielte er vor seinem Publikum den Volkskochakrobaten. Zur Musik tänzelnd griff er zu den in der gesamten Küche verteilten Gewürzen, die er in professioneller Art, wie seine Farben auf der Leinwand, verteilte. Mich immer wieder anlächelnd, mit den Kopf nickend, als wäre er noch dabei, mich zu porträtieren. In den Kochpausen langte er genussvoll zum Berliner.

Ernst lief nervös, sich ständig den gesamten Körper kratzend, an Enzo Anweisungen verteilend, in der Küche auf und ab. Er war hier der General des Familienersatzprovisoriums. Die hochragenden Regale, vollgepackt mit Literatur, neigten sich von der Wand in den Raum. Ich sah diese, gefährlich hin- und her wankend, irgendwann in den Raum kippen, jemanden von uns begrabend. In den Bücherreihen, wo Lücken durch das Fehlen mehrerer Buchbände den Blick freigaben, sah ich von der Wand blätternde Öllackfarben. Sie entstammten den Verlegenheitsrenovierungen der kommunalen Wohnungsverwaltung der DDR, wo aus Mangel an keramischen Wandbelegen Spritzwasserschutzpaneele in Nasszellen aus Ölfarblackierungen gefertigt wurden.

Ich hegte keine Zweifel, dass diese Art der nostalgischen Raumgestaltung auferstehen und als minimalistisches Gestaltungselement wiederentdeckt wird. So wird der gegenwärtige, materielle, ständig forcierte Überfluss letztendlich an der Einfachheit von Lösungen zerbrechen. Der Konsumterror wird das Volk zerfleischen, an ihre physischen und psychischen Grenzen treiben, als Arbeitskraft, auch als Verbraucher. Nur scheint das einfache sinnerfüllte Leben das schwierigste für uns alle, da wir bisher keine Chance hatten, es zu erlernen und zu erleben. Es ist auch nur durch uns selbst, aus unserem Inneren her zu begreifen und zu kultivieren. Die materielle Außenwelt wird unter diesen Erfahrungen zum sekundären Lebensinhalt. Wir werden uns als Elementarteilchen der Umwelt in ihr selbst begreifen, um uns bewusst auf den einfachen, menschlich notwendigen Reproduktionsprozess zu reduzieren. Bis dahin werden noch Generationen ›leblos‹ durchs materialistische Leben, dahin gleiten. Der Tod als Ende. Ende gut, alles gut. Solange schaffen die Menschen kontinuierlich, unbedenklich, dumm die Voraussetzungen, sich selbst abzuschaffen, in Deutschland, in Europa, weltweit. Ein neuer Gesellschaftstyp wartet schon auf die Hebamme, vor dem Ende der Welt. Nur Bedarf es seiner Geburt einer neuen Art der Kommunikation, einer neuen Definition von Werten und gesellschaftlichen Stellungen der Menschen untereinander. Wir müssen unseren Wortschatz kreativ umgestalten, erweitern, um aus verhärteten, unüberwindbaren Barrieren von Gebräuchen in der Sprachkultur herauszubrechen. Das damit verbundene ›neue Denken‹ wird uns befähigen, unsere Kommunikation auf eine friedliche emotionale Verständigung zu qualifizieren. Damit würde die Gewalt der Sprachkultur der Gegenwart an Bedeutung verlieren, folglich Platz machen für friedliche, aufrichtige, immaterielle Beziehungen der Menschen untereinander. Gegenwärtig dient unsere angewandte Wortschatzkultur nur negativer Propaganda innerhalb und gegeneinander rivalisierender Gruppen, gesellschaftlich ausgrenzenden Stellungsmerkmalen, der Verlautbarung von Wettbewerbskämpfen, der Manipulation der Menschen zum Instrument ihrer Herrscher, der Klarstellung wirtschaftlicher Stärke und der damit verbundenen Machtansprüche.

Im Klartext, unsere Art der Verständigung ist ›Krieg‹, in allen Schichten der Gesellschaft, mit dem negativen Vorbild in der gesamten Medienlandschaft, gelenkt durch die Ausbeuterklasse und ihrer Gehilfen. Gefordert sind gefühlsharmonisierende Synonyme für veraltete, meist negativ behaftete Bezeichnungen in Politik, Wirtschaft und Kultur. Diese sollten unseren abgestumpften, unbedenklichen, moralisch verschlissenen Wortschatz ersetzen, um eine menschlich lebendige Gefühlswelt in uns zu projizieren, gefüllt mit Harmonie, dabei den Menschen inhaltlich in den Mittelpunkt stellend. Eine neue philosophische Agenda, die uns befähigt, die emotionale, soziale Intelligenz der Menschen wiederzubeleben. Ohne diese Reformation wird die Primitivität und Zerrissenheit der zunehmend unbeherrschbaren, technisch hoch entwickelten parasitären imperialistischen Ordnung, gepaart mit Wachstumswahn, nicht gewaltfrei zerbrechen. Menschlich positive Werte sollten zu gesamtgesellschaftlichen Werten emporgehoben werden, endlich primär geltend, resozialisiert werden. Die öffentliche Ausgrenzung sowie die damit verbundene Demoralisierung von Gruppen der Gesellschaft muss beendet werden. Jeder Mensch ist Teil der Umwelt, Teil einer Gesellschaft, Teil seiner selbst, homogen betrachtet. Materielle Luxuswerte sollten zu sozial gerechten Strukturen der Befriedigung von Grundbedürfnissen recycelt werden. Modernität, Weltanschauungen, soziale Stellungen von Mitgliedern, Machtkämpfe bis hin zu Invasionskriegen sollten dabei keine Rolle spielen. Wir müssen das unvergängliche, immer wiederkehrende, menschlich Positive in uns suchen, es als Lebensaufgabe begreifen. Die Oberflächlichkeit der Ausrichtung nach Reichtum, Macht und Popularität steuert kontinuierlich auf den Weltsuizid. Philosophen, Historiker, Kommunikationswissenschaftler, Psychologen, auch Kunstschaffende müssen uns helfen, die Basis der menschlichen Persönlichkeit neu erfassbar, wieder begreifbar zu machen. Wir müssen raus aus dem großen Knast des aufgezwungenen, selbstdarstellerischen, materiellen, ideologischen Schauspiels. Aktion satt Reaktion der geistig potenten Kräfte der Gesellschaft ist die erste Instanz, um auf negative gesellschaftliche, politische sowie geistige Veränderungen deregulierend reagieren zu können. Das belastende Erbe der Deutschen, den Faschismus sollten die in dieser Zeit noch nicht existenten Generationen nicht mehr annehmen. Den leisen Krieg der Weltanschauungen sowie der daraus vorbestimmten Lebensformen und das damit verbundene manifestierte Denken sollten wir ihnen erst gar nicht als Erbschaft anbieten. Es sind kleine, egomane Denkstrukturen, die nicht zur Lösung, daher nicht zu wirklich großen positiv verändernden, menschlichen Ergebnissen führen. Diese sind jedoch unabdingbar, um totalitäre Machtsysteme, Hungersnöte, Umweltzerstörungen, Terrorismus, Rohstoffkriege einzudämmen mit dem Ziel, ihrer dauerhaften Eliminierung. Für diese negativen Entwicklungen der Vergangenheit und Gegenwart auf dem gesamten Erdball trägt allein der Mensch die Verantwortung. So trägt er auch die alleinige Verantwortung für seine positive Veränderung, die Kreation einer beispiellosen mentalen Weltideologie. Der Mensch befindet sich in dieser Funktion in einer absoluten neuzeitbereiten Alleinstellung. Er beherrscht die an- aus Funktion über sein Schicksal, in Folge über das der Erde, auf der er lebt. Das ist seine Macht, nicht mehr und nicht weniger. Wir müssen unser Bewusstsein der positiven, geistig sozialen Werteschöpfung, schärfen. Ich denke, wir sollten es aus unserem geistigen dunklen Seelenkeller hervorholen, bevor es auf dem Sperrmüll landet, um es nicht von den Bulldozern unserer Herrscher in unfruchtbare Schichten der Erde walzen zu lassen.

Aus meinem Monolog wurde ich durch den Duft von Knoblauch, Olivenöl und Parmesan herausgerissen. Enzo servierte das Abendmahl. Eine italienische Pasta von einem in Berlin geborenem Mailänder, gekocht in einer Wohnung im ehemaligen Ost Berlin, direkt an der Protokollstrecke der vergangenen, zum Großteil verstorbenen, Politbüroelite. Stille beherrschte den Raum, nur das Verbrennungsgeräusch des Gaswandheizgerätes übertönte die akustischen Geräusche unserer hochkonzentrierten Nahrungsaufnahme. Wir alle hatten Hunger, genossen in stiller Dankbarkeit die einfache, gute Mahlzeit.

Nach dem Essen lächelten alle, drehten Zigaretten, tranken frisches Bier. Ernst ließ die andere Seite der Platte drehen. Er hatte Freude daran, dieses alle zwanzig Minuten wieder zu tun, nicht tun zu müssen, sondern zu wollen. Es war Kult und Lebensgefühl zugleich. Die Befreiung vom Gegenwartsalltagsrausch. Zeit erschien zeitlos, die Zeit als Klassiker. Keine guten Zeiten, keine schlechten Zeiten. Einfach nur Zeit der Freude. Das Gesetz der Ökonomie der Zeit interessierte hier niemanden. Zeit als limitierte, provisorische Freiheit nach der Arbeit, dem Feierabend, existierte hier nicht. Arbeit war eine Feier, die Feier war eine Arbeit. Was ist Arbeit?

Hier war es ist die Leichtigkeit des einfachen Lebens, frei vom Statuskampf und Statuskrampf. Das Pseudoleben einer Gemeinschaft, zu der auch die Schöne mit dem schrulligem Gesichtsausdruck gehörte. Die Gruppe als separate Mikrogesellschaft innerhalb der gesamten Gesellschaft, lebt immer mit der Illusion der sie und ihre Mitglieder am nächsten kommen, im Augenblick. Sie richtet sich vor allem nach ihren materiellen Möglichkeiten und ihrer gesellschaftlichen Reife. Ernst deklarierte das Abendmahl zum Kunstwerk. Enzo erwiderte mit einem großem Dankeschön, einem laut verkündeten ›phantastisch‹ als Urteil für die durch Ernst porträtierte Schrullenfresse. Ein großartiges Kunstwerk, setzte Enzo nach. Sie liebkosten sich in Trance, wobei Ernst, sich als gefühlter Kunstobervater, Enzos Porträt, nämlich das meinige, lachende, wild zerfurchte Gesicht mit dem Habitus eines Kunstdozenten, zerredete. Vermutlich fühlte er sich gut dabei. Er lächelte überlegend, dabei selbstsicher stehend, gestikulierend in den Raum. Seine scheinbar depressive, nervöse Ausstrahlung war weggeblasen wie getrocknete Blätter von der Straße durch den Herbststurm. Enzo überließ ihm den Raum.

Ich konnte nicht beurteilen, ob er über den Dingen stand oder ob er in Ernsts herbem, rhetorisch gewandten, Kritikfluss gewohnte Situationen seiner Kindheit wieder entdeckte. Während des lang anhaltenden Vortrages tastete Enzos Blick den zerschlissenen Fußboden ab. Gelegentlich musterte er Ernst von oben bis unten, von unten bis oben. Er trank nicht, er rauchte nicht. So verharrte er, unbeweglich in höflicher Form, scheinbar über dem Plädoyer stehend, dauerlächelnd.

Ich befand mich in einem sehr guten Gegenwartsstück einer professionellen Schaubühne. Hier durfte ich essen, rauchen, sogar Pullenbier trinken. Es gefiel mir außerordentlich gut. Ernst agierte sehr emotional, in fast unerträglicher Lautstärke, dass ihn auch die Zuhörer in der letzten Reihe verstanden. Damit öffnete er den Raum in die nun wiederkehrende Gegenwart.

Die Bühne erweiterte sich jetzt personell um die sich vom Tisch erhebende Dame, die Schrulle. Sie schrie hysterisch, wie es nur Frauen beherrschen, Ernst um ein vielfaches übertönend. Volles Rohr brüllte sie ihre Aggressionen in den Küchenraum: ›Alles ist hier Kunst, selbst Kacken und Ficken ist hier Kunst‹. »Klar ist Ficken Kunst, bemerkte ich ruhig. Ficken ist Liebe. Kunst ist Liebe, zu lieben eine Kunst. Ficken ist Grundbedürfnis, ist Fortpflanzung, ist Entwicklung. Entwicklung ist Kunst.«

Als sie aufstand fühlte ich, dass die Theateraufführung vorbei war. Die Schuld für dessen Ende gab ich mir. Warum konnte ich einfach nicht meine Fresse halten? Nachdem ich das Ende nicht akzeptieren konnte, bereute ich meinen kurzen Auftritt, obwohl meine kurze Rolle mehr dazu dienen sollte, die Kämpfenden zu entwaffnen. Zugaben blieben daher vorerst aus. Ich glaubte nicht, dass die schrullige Dame der Künstlergenossenschaft Wert auf weitere Ausführungen ihrer Begleiter legte, denn sie wurde nicht integriert. Ihr laut verkündetes Integrationsproblem löste Ernst mit einem harten Griff um ihren Arm, schleppte sie in sein bestimmtes, intimes Zimmer der Gemeinschaft. Seine cholerischen, lang anhaltenden Belehrungen konnten wir in der Küche detailgetreu akustisch vernehmen. Die von mir ersehnte Zugabe offenbarte sich als aggressives intimes Hörspiel, daher waren Enzo und ich fest entschlossen, vor den damit verbundenen schlechten Gefühlen zu flüchten. Wir flüchteten vor einem Integrationsproblem, das aus einem Interessenkonflikt entstanden war. Das vorhandene Bier war getrunken.

Grund genug diesen Ort vorerst zu verlassen. Wir liefen beide befreit, hurtig die Treppen hinab. Im Licht der Straßenlaterne schauten wir uns lächelnd an. Alltagstheater stöhnte Enzo. Männermenschentheater erwiderte ich.

Entspannt liefen wir zum nächstgelegenen Spätverkaufsraum, da die Discounterhölle zu fortgeschrittener Abendstunde verschlossen war.

An Auswahl von Getränkeverkaufsnachtarbeitern gab es keinen Mangel. Sicher auch Ergebnis des Mangels an bequem fußläufig erreichbaren Tankstellen. Überall wo wir in die Haupt- und Seitenstraßen schauten, befeuerten uns die Leuchtwerbefeuer der Spätverkaufsbetreiber. Wie reagieren wir als Konsumenten auf dieses Überangebot von Waren des täglichen Bedarfs, um Mitternacht. Als Schnäppchenjäger wären wir chancenlos. Den lebenszeitraubenden Preisvergleich konnten wir uns ersparen, da dieser auch im Tageslicht nicht unsere Aufgabe wäre. In welchem kauft man? Von schlechter Improvisation bis zu kühler Professionalität waren alle Eindrücke vertreten. Bunt beleuchtet waren sie alle. Es war ein großer Zirkus von beleuchteten ›vierundzwanzig Stunden non Stopp‹ Tränken. Die beleuchteten Botschaften dolmetschte ich als den letzten Tag meines Lebens. Dazu gesellten sich Lichtspiele von ›Cafe to go, Döner Kebab‹ oder ›Hot Dogs‹. Bevor du verreckst, friss noch einen Hot Dog, trink noch einen Cafe im gehen, nimm die Schnelligkeit, Gefühlskälte, Unbedenklichkeit, Gehorsamkeit, die damit einhergehende minderwertige Qualität deines Lebens mit ins Grab. Versuche jetzt bloß nicht es zu ändern.

Allen gemeinsam waren die beleuchteten Hauswandlichtkästen diverser Biersorten. Als Markenfetischist empfahl Enzo den Lebensmittelraum mit der grünen Bierwerbung. Ohne zu antworten, schritt ich voran, Enzo hinterher.

Ich ahnte, dass diese Mitternachtstheke das ehemalige ›Cafe Concordia‹ aus der DDR ersetzt hatte. Meine Vermutung war Realität. Wir bestellten zehn Flaschen des beworbenen Reklamepilsners, verteilten es ungeschickt in zwei weiße Kunststoffbeutel ohne Werbeaufdruck. Kalkulatorisch erwies sich der Erwerb als heftig. Es war der Preis von Nachtmenschen für Nachtmenschen. Der uns bedienende dunkelhaarige, mit Oberlippenbart geschmückte Nachtmensch schenkte uns nur drei Worte. Nicht ›ich liebe euch‹ sondern: ›Was‹? ›Dreizehn Euro‹!

Mein letztes serviertes Glas Bier in diesen Räumen im Jahr 1988 kostete vergleichsweise sehr wenig. Die Kellnerin sah gut aus, schien glücklich, bediente in natürlicher, freundlicher Art. Das deutsche Pilsner in der HO Kaufhalle war zudem nicht preiswerter als im HO Cafe. Erst jetzt fiel mir auf, wie man das Einheitspreisbier im sozialistischen Vaterland ›Deutsches Pilsner‹ nennen konnte. Das ehemalige Produktionskombinat der DDR Pilsner befand sich in annähernd eintausend Metern Luftlinie von hier entfernt, heute im Besitz der Schultheiß Brauerei. Erarbeitetes Volkseigentum von siebzehn Millionen DDR Menschen haben die Hiobsbotschafter der Zwangsvereinigung zweier deutscher Staaten an die Drecksackoligarchen der kapitalistischen westlichen Seite aufgeteilt. Die Seite im Osten hat man bewusst um ihren erarbeiteten Anteil betrogen.

Unsere Bierpullen schepperten in Tüten, in die klare kalte Nacht. Es war unser alleiniger Mitternachtsblues voller Poesie, Freiheit und Träumerei. Nur der Mond folgte uns als stiller Beobachter. Wir genossen wortkarg, zwischen den in sich ruhenden Häuserschluchten um den Weißen See, die wohltuende Einsamkeit der Stadt. Der See hüllte sich in Nebel, die Häuser in Schweigen. Das Bier war kalt. Unsere Bemühungen, die Lautstärke der Klanginstallationen unserer noch gefüllten Lieblingsgetränkeflaschen beim Treppensteigen zu dämpfen, schlugen fehl. Im Gegenteil. Ein wundervoller Hall, der sich zwischen den Innenwänden des Treppenauges wie ein Netz spannte, war der neue Begleiter unseres Aufstiegs. Die über fünf Geschosswerke um uns schlafenden Mitmenschen wirkten wie betäubt und angekettet. Eine Kriegserklärung blieb uns erspart.

Enzo öffnete mit leicht eingeknickten Knien flott die Tür. Den Schlüssel hielt er dabei verdeckt lässig in Hüfthöhe wie ein Wildwesternheld sein Schießeisen. Mit dem Fuß stieß er kräftig die Tür auf. Leise lachend flüchteten wir in die Künstlerhöhle. Uns folgte die kleine Nachtmusik unseres Glasflaschengepäcks. Ein Köter kläffte in einer unter uns liegenden Wohnung laut aggressiv. Unser gefühltes Alter betrug in diesem Moment des von Teenagern. Ernst saß in der Küche, freudig erregt über unsere Shoppingaktivität, vor allem über deren Ergebnis. Der Mond tanzte neben ihm im Fenster, legte seinen Glanz auf den Küchentisch mit den ausgepackten Pilsnerflaschen. Aus der DJ- Box schrie Frau Humpe von Ideal ›immer frei‹. Konzentriert den Text hörend, urteilte Enzo mit einem lauten ›phantastisch‹, dabei lächelnd mit dem Kopf nickend.

Ernsts Papagei, der in der Küche umherflog, erwiderte Enzos Urteil mit gleichem Wortlaut. Er musste es schon hundertmal gehört haben. Auf der Kochinsel stapelten sich Massen von diversem Geschirr, das sich nach Erhalt der Bassfrequenzen tanzend, klirrend, auf der aus längst vergangener Zeit gefertigten Holzplatte, bemerkbar machte.

Es war die Villa Kunterbunt vom starken Ernst, der soeben noch durch cholerische, brüllende Attacken der zierlichen Mitbewohnerin seine Vormachtstellung als Herbergsvater darstellte, um sie mit männlicher Gier am nächsten Tag als Herrscher wieder ficken zu können. Sicher gehört er zu der Art von Männern, die bei starken, selbstbewussten Frauen Erektionsprobleme haben. Liebesspiele sind Machtspiele, verbunden mit territorialen Abgrenzungserklärungen. Die Beziehung als Machtkomplex, als unausgesprochener Interessenkonflikt von nur zwei Menschen, trotz heimlichen Wünschen nach harmonischer Einheit, mit Vermehrungsbedürfnissen. Es sind Ernsts Kindheitsträume, Träume von Harmonie und Anerkennung, die er bisher nicht umsetzen konnte, da er es nie gelernt, wohl nie erfahren hatte. Er war das unbeachtete Kind seiner Eltern, das trotz all seiner Bemühungen zum cholerischen Egomanen verkommen war und so Achtungszeichen seiner Minderwertigkeitskomplexe setzte. Wie Eltern häufig den Schwächsten in der Familie zum Taugenichts erklären, meist das Kind, so tat es Ernst in der Künstlerfamilie am See. Vernichtend wurde die Malerei Enzos von ihm kritisiert. Enzo, ebenfalls als ›Verlierersohn‹ zwischen ›erfolgreichen‹ Brüdern gezeichnet, ertrug die gewohnte Predigt mit Haltung und Gelassenheit. Ernst redete sich ausführlich lautstark in Trance, immer wieder in die ›unser Weg‹ Parodie verfallend.

Als sozialistisches Scheidungskind konnte ich inmitten zweier Opfer von kapitalistischer Familienhenkerei feststellen, das die Ergebnisse losgelöst vom jeweiligen Gesellschaftstyp stattfinden. Ein Unterschied bestand dennoch. Während die großen Kinder des Kapitalismus ihrem Elternhaus die Alleinschuld gaben, keinerlei Ursachen oder Hilfe in der Gesellschaft als Institution suchten, war das familiäre Scheidungsopfer, der unbeachtete große Junge des Sozialismus, nämlich ich, in der

Lage, sich in der kollektiven Wärme der kommunistischen Idee zu wälzen, sie anzunehmen, bewusst an sie glaubend und den Kapitalismus unwiderruflich zur Disposition zu stellen. Kein Familienersatz, aber ein guter antidepressiver Ausgleich sowie der frühe Glaube an eine vernunftbegabte kriegsfreie Menschenordnung, Restrisiken nicht ausgeschlossen.

Ernst, dem Ende seiner cholerischen Monologe mit einem Lächeln im Gesicht entgegensteuernd, drehte jetzt, nicht mehr stehend und an seinen elastischen Hosenträgern nervös ziehend, ein Tütchen. In der Küche verbreitete sich Melancholie. Es war der Zeitpunkt, an dem wir an unserem Freiheitsgefühl zweifelten. An der Freiheit, die es sowie nicht gibt, außer in unseren Hirnen. Bevor der Zauber gegen den kommenden Morgen verfiel und uns schleichend einsam in den Tag entließ, bliesen wir unsere Hirne in moderner Blutsbrüderschaft mit ein wenig Gras auf. Der Morgennebel vor dem Fenster versperrte uns den Blick in die abgestumpfte Realität von Verschwendung der individuellen Lebenszeit von der Geburt bis zum Tod des Menschen.

Ein Leben, wir steigen ein, wir steigen aus. Aus!

Eines war uns bei aller Verneblung klar. Es lohnt sich nicht, für das zu kämpfen, wofür allgemein gekämpft wird. Es sei denn, es geht ums Überleben!

8
Auf ein neues Porträt

Den Tag überlebten wir in nachgeholter Nachtruhe. Es ist die Art von Leichtigkeit mit der Last der Tagesgeburt des improvisierten, immer wiederkehrenden Lebens umzugehen, vor allem nicht daran teilhaben zu müssen. Am Tage zu schlafen ist wie ein kleiner Tagestod, statt die Zeit der Helligkeit totzuschlagen.

Die kurzen Tage des Spätherbstes perfektionierten meine Gefühle mit Farben und Belichtungen. Sie waren verantwortlich für meine einsetzenden optimistischen Stimmungen. Windböen befreiten mich vom Staub des Sommers, gleichzeitig von negativen Gefühlen. Ich spürte, dass ich lebe, wenn ich gegen Orkanböen ankämpfte und die pfeifend jaulenden Lieder des Windes vernahm. Das Rascheln des auf Wegen und Plätzen umher fliegenden trockenen Laubs ließ mich an Götter glauben, die mir ein Konzert der Natur bescherten. Meine Seele erfreute sich der natürlichen, einfachen Genüsse. In den Vorgärten der kleinbürgerlichen Häuserwelten kehrten die Bewohner das herabgefallene Laub auf einen großen Haufen zusammen als gehöre es nicht zum Naturbild ihres Lebens sowie sie sich selber nicht als Bestandteil der natürlichen Umwelt begriffen. Alles Dreck, Müll, Gülle und Scheiße.

Es ist wie im Alltag der Gesellschaft, wo die Alten, Kranken, sozial Schwachen zusammengepfercht, mit Sozialalmosen ausgestattet, auf den Dreckhaufen der gesellschaftlichen Randgruppen katapultiert werden. Es handelt sich um Menschengruppen die aus der Blüte ihres Lebens herausgetreten sind, oder diese nie betreten hatten. Ihnen ist der goldene Herbst so fremd wie den Spießern die ständige Versuchung, ihn davon zu fegen, gleichzeitig gelangweilt auf ihn wartend.

In ihren Gesichtszügen grollte das Unwetter, welches ihre Laubberge wieder auseinanderbrüllte, zugleich neues Laub nachlegte. Andere kleinkarierte Freunde des technischen Fortschritts hantierten mit elektrischen Geräten, die das Laub anblasen und auch in einen dafür montierten Sack einsaugen konnten. Meist sind Männer, die Technikbetreiber, die sich über ihr Spielzeug erfreuten. Fasziniert, pervers schauten sie immer wieder in die Saugöffnung ihrer Apparatur, wozu sie das Spielzeug über ihre fetten Wänste heben mussten. Ihre Körper waren in stinkenden, unästhetischen Schweiß getaucht. Brüllende Apparaturen zerstörten die Konzerte der Natur.

Wolken ließen sich treiben, der Himmel leuchtete in brillanten Orangefarben, in Kombination mit satten Blautönen. Mein ›Ich‹ befand sich im Aufwind, mein Körper wurde kräftig durchblutet und leicht, als wollte er mit mir davonfliegen, endlich die Welt von oben fröhlich begrüßend. Es sind Momente, in denen ich nichts vermisste. Ich war bei mir, umgeben von einem Gefühl, auf dem Weg meines Lebens zu sein. Das Leben erschien mir als das schönste Geschenk einer mir unbekannten spirituellen Macht. Ängste vor Tod, Einsamkeit, Aids oder Impotenz hatte ich hinter mir gelassen. Vom gesellschaftlichen banalen Ballast der primitiven Ansprüche fühlte ich mich befreit. Mein Spaziergang zum Weißen See glich einer Expedition der Poesie und Selbstfindung. Dort sollte Enzo ein anderes Gesicht zeichnen müssen, als er es am Vortag begann. Mehr Glanz, mehr Glück, bedeutend klarer, frischer, sicher auch sehr viel naiver.

Schnell die Treppen hochgestiegen, bevor mein Antlitz seinen Glanz verlor. Enzo begrüßte mich, mit seinem immer wieder kehrenden, aufrichtigen Lächeln schlug dabei mit flacher Hand, unbeholfen mehrmals auf meine linke Schulter. Dabei beobachtete er mich konzentriert. Keine Routine, keine beiläufige Geste. Keine enttäuschende Oberflächlichkeit. In gebrochenem Deutsch in Berliner Mundart stellte er die Frage: ›jetet dir jut‹? Wir mussten laut lachen. »Komm rein, Herr Lehmann, wir gehen gleich in mein Zimmer an die Arbeit.« Alles war vorbereitet. Auf dem Stuhl vom Vortag nahm ich Platz. Enzo setzte sich hinter seine Staffelei, begann zu malen.

Das Zeichnen bereitete ihm Freude. Er arbeitete hochkonzentriert, ernsthaft, wobei seine Augen zwischen der Leinwand und meinem Gesicht hin- und her wanderten. Sein Blick verlor sich in keinem anderen Motiv. Malend befand er sich in einem Rausch, in einer Meditation. An seinen Gesichtszügen, seiner Körperhaltung konnte ich ablesen, wie er ermüdete und an Energie verlor. Trotzdem war er im Fluss seiner Arbeit, im Traum. Seine Rezeptoren für stupide Alltagswahrnehmungen waren abgeschaltet. Er fickte die Leinwand, schob seinen Orgasmus vor sich her, mit ihm den Traum, in der Hoffnung, dass es ihm bis zu seinem Tod gelingen könnte. Der Tod sollte sein Orgasmus sein oder umgekehrt. Die Freude an der Arbeit sein Vorspiel.

So spielte er, mein geträumtes emotionales Spiel meines Freizeitlaufs hierher, während er arbeitete. Ich saß als beobachteter Beobachter nun schon zwei Stunden auf diesem, demselben Stuhl, der ein Hocker war, wie ich später feststellte. Es war harte Arbeit auf einem Platz zu kauern, ohne sich zu bewegen, ohne zu quatschen, ohne zu essen oder zu trinken. Probiert es mal aus. Ohne Motivation werdet ihr keine fünf Minuten bewegungslos durchsitzen.

Ich tauchte in Stille ein, in eine Form der Selbstbeobachtung, der Selbstselektion. Die Aufgabe, die ich angenommen hatte, führte mich in die Nähe meines Selbst. Wer bin ich innen, wer bin ich außen. Bin ich, ich. Wen verkörpert mein Körper. Widerspiegelt mein Äußeres meine täglichen Worte, meine damit verbundenen Handlungen, mein inneres Fühlen und Denken. Lebe ich, träume ich. Was ist Realität. Was ist Dichtung. Warum fühle ich mich oft ferngelenkt und warum führt der Versuch, dieses Gefühl zu durchbrechen, ins Nichts. In eine Form von Energielosigkeit, in die Nähe eines Scheintods.

Warum zerstört der Mensch seinen ersten, sehnlichsten, größten Wunsch nach Freiheit durch seinen Ehrgeiz nach Macht und materiellem Reichtum, eingebettet in eine gesellschaftlich verschlissene Doppelmoral. Er hinterfragt nicht das Zustandekommen von Erfolgen. Worauf reduziert sich gesellschaftlich anerkannter Erfolg? Wachsende Erfolgssucht als Wachstumsmotor für Korruption, Vetternwirtschaft, Terrorismus, Kriminalität, Prostitution, in allen Bereichen und sozialen Ebenen, führt in die Einbahnstraße der sozialen Kälte, einhergehend mit emotionaler Verstümmelung. Unsere Sprache verkommt zum ökonomisch motivierten Kommunikationskampfmittel.

Der Mensch als Primat der Natur diskreditiert sich zu einem großen Haufen Scheiße, an dem selbst Fliegen keinen Wert mehr erkennen können. Das Volumen der Scheißhaufen als Kraftmesser. Der größte Scheißer wird zum Dynasten gewählt. Wer schlecht ist, setzt sich durch. Auf ihrem Weg nach oben befinden sie sich im emotionalen Koma, begleitet von ihrem einzigen Freund, der Lüge. Sollten die Damen noch Kinder bekommen, verabreichen sie ihrem Säugling die erfolgsstimulierenden Mineralien schon mit der Muttermilch. Für ihren Jäger und Sammler öffnen sie ihre Vagina, das Vorspiel mit Motivationsgesängen zelebrierend, im Abspiel belobigt von vorgetäuschten Orgasmen für die erfolgreiche Jagd im Mammonfieber und Stellungskampf, im kalten Krieg im deutschen Wohlstandsland.

Das deutsche Volk lechzt nach Macht und Wohlstand, mit tropfendem Speichel des Adlers. Wie Wölfe kämpfen die Männer um die Alphastellung in der Gesellschaft. Es ist ihre Zeit, da ihre Widerstandskraft gegen die große Lüge einer verfehlten, menschlich orientierten ökonomischen Sozialkultur kleiner ist, als ihr Wille zum Erfolg. Sie verkaufen ihr Leben für einen völlig überstrapazierten Wohlstandsfimmel einer scheinbar noch funktionierenden Wirtschaftsmacht, eingebettet in eine Scheinmoral für das Massenvolk. Die größte deutsche Volkspartei fundamentiert sich in der laufenden Anerkennung ihrer ethisch christlichen Grundwerte. So predigen sie in Gottesgewändern, um anschließend ihren Luzifer in der Hölle zu ficken. Danach erschöpft, lassen sie sich am Höllentisch von den Umweltterroristen und falschen Sozialdiktatoren im ›Dreier‹ befruchten. Liberale Volksvertreter sitzen mit dem Lächeln unentschlossener Schleimer dabei. Ihr Häuptling suhlte sich schon im Big Container vor Millionen, Bier trinkend, wohl wissend, dass er dafür von den Bildungsschwachen mit einem Kreuz auf dem Wahlschein belobt wird.

Hauptsache ist, in der Unterwelt unbeobachtet allein, unter sich zu sein, um die nächsten, schäbigen Verabredungen gegen das Volk, zugunsten der Bourgeoise zu treffen. Im dunklen Labyrinth operieren sie trunken an den gesellschaftlichen

Geschwüren, lassen sich zielgerichtet vom Teufel zu noch höheren Erfolgen coachen. Die propagandistische Schule der Unterwelt manipuliert alle Herrscher dieser Welt zu Psychopaten, die die Fähigkeit der Empathie im Krieg der Karriere verloren haben. Im Ergebnis wird die Welt von einem Haufen Psychopaten regiert.

Es ist nur eine Frage der Zeit, bis uns die Weltkruste um die Ohren fliegt und das Nirwana ohne uns erschaffen wird. Hier heilt die Zeit keine Wunden. Fortlaufend kommen neue Wunden dazu.

Der Erdball ist übersät von Wundstarrkrämpfen, Blutherden, Hochfieberregionen und Eiterbergen. Entzündungen, bakterielle Krisenherde werden in riesigen flutwellenartigen Blutflüssen länderübergreifend transportiert. Wir werden es ab einem bestimmten Maß nicht mehr ertragen und kotzen müssen. Schwallweise werden wir den Erdball mit unserem Flüssigkot verseuchen, in Kotze und Fäkalien ersticken. Als letztes Symbol der Ungerechtigkeit. Wer die meiste Schuld an den Wunden dieser Welt trägt, wird in den qualvollen Genuss kommen, die höchsten Eiterberge erklimmen zu können, um sich vor dem Ertrinken in Blut, Kotze, Pisse und Scheiße zu retten. Ist ihr Leben gerettet, müssen sie sich den blutverkrusteten Erdball von oben beschauen. Dann werden sie wissen, dass sie sich auf Gott und Geld nicht hätten verlassen dürfen. Prediger von menschlichen Werten, unter Missbrauch der Lehre Gottes, werden fühlen, vielleicht sogar verstehen, dass es verkehrt war, den größtmöglichen Erfolg anzustreben. Erstmals werden sie in Reue zusammenbrechen. Es ist die späte, zu späte Erkenntnis, die Einsicht, dass es ein Fehler war, dem Teufel heimlich den Schwanz geleckt zu haben. Kotze zu Kotze.

Diese Erfahrung wird zu ihrem besten Lehrer, zugleich sehend, dass es zu spät ist, ihre Erkenntnisse auf fruchtbare Erde zu bringen. Es ist die Endlösung, beherrscht durch absolute Stille. Das Licht der Sonne wird von aufsteigendem, von Eiter, Blut durchfärbten Nebel verhüllt. Lufttemperaturen sinken konstant in den tiefen Minusbereich. Auf Dauerfrostböden fallen blutrote Eiskristalle. Das Schreckliche dieser Welt wird unter dicken Eisschichten versiegelt. Erreicht ist die angestrebte Endlösung für den atomaren Müll der Energiekonzerne und Waffenindustrie. Waffenruhe stellt sich ein, Kriege stehen still. Das Geschrei verhungernder Kinder und Kranker, das Betteln der Armen ist verstummt. Erstmalig befindet sich die Welt im Zustand ohne Ausbeutung, Machtkämpfe, Verteilungsprobleme und Sonderangebote. Menschenhandel, Prostitution, Sklaverei, Terrorismus, Drogensüchte, Neid, Geiz, Egoismus und Lügen sind mit dem Menschen ausgelöscht. Es herrscht Weltfrieden ohne Weltverbesserer, Mülltrennung, Geiz ist geil Hysterie und spar dich reich Parolen. Der von uns Menschen veranstaltete Unsinn ist zum Lebenssinn verkommen. Sein Ergebnis wird sich unkontrolliert zum Weltsuizid entwickeln. Der Unsinn ist, war der Sinn des Lebens.

Den charakterlosen, sinnfreien Menschenverschnitt der Unmenschlichkeit haben wir gehorsam, untertänig gewähren lassen. Es waren die Völker der Welt. Ihre propagandistischen Führer werden im Szenario des Weltsuizids die gefrierenden Berge aus Eiter, Scheiße, Kotze und Blut erklimmen und als ihren letzten sinnlosen Lebensakt begreifen. Im blutroten Eisregen werden sie zu Skulpturen gefrieren, zu Mahnmalen ohne lebende Betrachter, zu wertlosen Denkmälern, ohne Andacht, in stiller Anarchie. Wer hat es erschaffen? Gott war es nicht! Der Mensch hat es erschaffen! Ein Gesamtkunstwerk der Führer dieser Welt, ihrer Mitläufer und Volksmassen, die nicht darüber nachgedacht hatten, was sie tun, ob sie überhaupt was gegen ihre Selbstvernichtung tun. Wir haben es zugelassen.

Ein Kunstwerk des Bösen und Guten zugleich, Ende. Kunst als Brechmittel der Wahrheit. Erschaffen von Kunstkuratoren und den Modells des Kapitals, von Waffenhändlern, Kriegsvätern, Wirtschaftswachstumspredigern, Mafiabossen, Drogenhändlern, pädophilen Kirchenoberhäuptern, Rohstoffterroristen, Pseudointellektuellen sowie Politoberhäuptlingen, unter blinder Gefolgschaft ihrer jeweiligen Interessenmitläufer. Ein Weltkunstwerk im Biodesign, ohne Bio Fair Trade Gütesiegel. Es ist das Ergebnis von Workshops der Führer der freien Marktwirtschaft, eingebettet in scheindemokratische Lebensverhältnisse.

Die Welt scheint dann erstmals gleichberechtigt plastiniert, in flüssigem Gold aus Eiter, Urin und Kotze. Goldene Zeiten im Tod, als Resultat der politisch geheuchelten Dauerparole ›Reichtum für alle‹.

Alle haben danach gestrebt, daran geglaubt, ihr Handeln danach ausgerichtet, ohne Verantwortungsgefühl. Ein globaler Heldenmarkt von Scheindemokraten, Pseudosozialisten, kapitalismustreuen Linken, anders sein wollenden inkompetenten, klientelorientierten Umweltideologen, fresssüchtigen bestechlichen Gewerkschaftsfunktionären, getreu dem Slogan ›wir wissen, was heute für uns zählt, egal was morgen ist‹. Die Vernetzung von Russisch Roulette spielenden Bonzen, abgeschottet von kriegsgeiler hochgerüsteter Militärmaschinerie, in Balance mit der Parallelgesellschaft im Untergrund, der Mafia und Terrorgruppen. Sie sitzen verkokst, Champagner saufend in ihren Schlössern und beobachten auf überdimensionalen Bildschirmen die Ergebnisse ihrer Machtspiele. Es ist das große Spiel, um sich ihre Lebenszeit zu Lasten der Allgemeinheit zu vertreiben. Hier sitzen Vertreter aller Nationen, aller Hautfarben, Gotteslästerer, Gottesgläubiger, Alte, Junge, Impotente, Drogensüchtige, Sadisten, Massenmörder, Pädophile, Nazis und Kommunisten vereint, ohne interne Klassenkämpfe, ohne Rassendiskriminierung, ohne ideologische Differenzen. Sie manipulieren die Geschehnisse unserer kleinen Welt über Massenmedien, Agenten und Schaltstellen in der Wirtschaftsmacht und den Finanzmonopolen. Es sind gebildete und ungebildete Männer. Alle Sprachen werden gesprochen. Ihre Dolmetscher sind ihre Bildschirme, wo sie sich die Ergebnisse ihrer Weltmachtspiele in Videostummfilme übersetzen lassen, sich während dessen sadistisch an dem Leid ihrer Opfer vor dem Tode weiden. Dabei hören sie klassische Musik von Wagner, rauchen kubanische Zigarren, trinken amerikanischen Whisky, füttern ihre Hunde kiloweise mit russischem Kaviar. Sie verkörpern den Inbegriff der Psychopathie. Gold ist, als prognostiziertes Tauschmittel gegen die Trinkwasserreserven der Welt, ihre Einheitswährung. Die Erbfolge wird durch sie vorbestimmt, Testamente sind abdingbar. Gemeinschaftseigentum bestimmt ihre Eigentumsverhältnisse. Eine Mischung aus ein bisschen Kommunismus, Faschismus, Anarchismus und dem Glauben, die

Erdengötter spielen zu können. Es ist der Sumpf des menschlichen Seins auf Erden, der scheinbar nicht trockenzulegen ist, der nichts als Unmenschliches zu bieten hat. Ein Männersumpf der intellektuell, kulturell und emotional verkrüppelt ist. Haufen von stinkenden schlaffen Pimmeln, verfaulten Hoden mit übergroßen Krebsgeschwüren, denen das Glück des vereinten Orgasmus in Frieden und Gleichheit abhanden gekommen ist.

Das andere Geschlecht, die ordentliche Hälfte der Erdbevölkerung, ist zu sehr mit Menstruationsbluttagen, Gebärmutterglück, Wochenbettdepressionen, vor allem mit Balladen ihrer Gleichstellung in der Gesellschaft beschäftigt, um sich gegen ihre Herrscher aufzulehnen. Dazu gesellen sich ihre Schönheitswettbewerbsorgien, um für Gold, Designertaschen, Kleider dem Mann den Schwanz lutschen zu müssen. Die Durchsetzung ihrer Emanzipationsansprüche boykottieren sie im Rausch ihrer Oberflächlichkeit, der Gier nach äußerer Vollkommenheit, geschmückt mit materiellem Luxusmarkendreck. Bedeckt sie mit fortgeschrittenem Lebensalter nicht mehr die Schönheit der Jugend, begegnen sie ihrer eigenen inneren mentalen Leere. Ihre daraus resultierende Ausstrahlung ist von Langweiligkeit, Beliebigkeit und Frustration geprägt, macht den Gatten anfällig für den Tausch seiner Gespielin gegen frische Austern.

Frauen verkörpern, gemessen an ihren Fähigkeiten, die am schlechtesten aufgestellte Menschengruppe der Erdbevölkerung. Sie ist in sich, ihrem Selbstmitleid und in den Diensten, den die Männerwelt ihnen zuteilt, gefangen. In Europa entfliehen immer mehr Frauen ihrer Mutterrolle, indem sie einfach keine Kinder gebären. Es ist ihre Art der Demonstration von Freiheit und Unabhängigkeit. Leider degradiert sich das weibliche Geschlecht mit dieser Einstellung immer mehr in den nicht emanzipierten Kreis der Gesellschaft, da sie, die ihre benachteiligte Stellung in der Gesellschaft zwar erkannt hat, die Erkenntnisse an ihre Nachkommen aber nicht vermitteln können, da es keine geben wird. Die von ihr abgelehnten Befruchter lassen sich in Kriegen für Brot und Wasser die Eier wegbomben, während sich die Staatshenkerkriegselite ihre Genitalien von frei gehandelten Minderjährigen zum Erguss züngeln lassen. Sie suhlen sich in ihren klebrigen Spermienergüssen und in ihren Reichtümern, während Kinder in der dritten Welt Abfälle aus kontaminierten Gewässern sammeln, um für ihre an Aids erkrankten Eltern ein Überlebenseinkommen zu sichern. Gegen ihren natürlichen Tod sind sie machtlos, verseuchen ihre Weltorganisationen jedoch ständig mit neuen verpesteten Charakteren, um ihre Unsterblichkeit in den Geschichtsbänden zu manifestieren.

Die Götter werden missbraucht, die Völker dieser Welt werden zu Kanonenfutter abgerichtet. Der Erdball wird mit Minen dekoriert, verbrannt, tierische und pflanzliche Nahrung wird vernichtet. Mit Kriegen ist viel Geld für sie, die Wenigen, zu verdienen, vor allem mit den Ergebnissen der Beutefeldzüge auf den Rohstoffmärkten des Kontinents.

Frieden ist langweilig. Mit Frieden kann man keinen Krieg gewinnen. Ständig werden neue lokale Kriege inszeniert, provoziert, im Untergrund organisiert, damit sie sich nicht langweilen. Übrig bleiben hochgezüchtete Soldatenkinder und unterdrückte Frauen, die sich mit ihrer Opferrolle arrangiert haben, die ihrem Alphawolf ermöglichen, seine Machttriebe in allen gesellschaftlichen Ebenen des Lebens auszuspielen.

Die Frauen dieser Welt sollten ihrer Nebenrolle im Erdenfilm entsteigen. Fähige Frauen an die Macht, durch setzen eindeutiger Signale, der Annahme von Verantwortung im realen Leben. Sie sollten die Straßen von geträumten, theoretischen Gleichberechtigungsgesängen befreien, um in den gleichberechtigten Verkehr einzutreten. Weibliche Rhythmen, befreit von devoten Stellungsarien gegenüber der Männerwelt.

Männer, verkappt emotional, sensibel, stark labil, hätten einer sich, von ihnen losgelösten, vereinten, selbstbewussten Frauenklasse nichts entgegen zu setzen. Suchtgefährdete, verspielte, kriminelle männliche Gewaltmonopolisten können ihre kontrastlosen, schwachen und labilen Charaktere nur mit Hilfe der Frauen überwinden. Wird ihnen diese Hilfe entzogen, wird der Energiefluss ihrer Machtspiele versiegen.

Ein zukunftssicheres, angstreduziertes Leben unserer Kinder auf der Kunstinstallation ›Welt‹ könnte unter diesen Bedingungen endlich gedeihen. Die sich zunehmend verschärfenden kriegerischen, machtbesessenen Zyklen der Männerwelt wären durchbrochen. Selbsthilfe der Weltmännersuchtclique scheint aus Erfahrungen unmöglich.

Das Getöse prominenter Krawallfeministinen hat keinen Vertretungsanspruch, macht keinen Sinn, da es mehr ihrem Selbstdarstellungsanspruch dient, als der Verwirklichung von Frauenrechten. Es ist das Geschrei ausgetrockneter Weiblichkeitsgeschlechterseelen. Ich vermute, sie wären insgeheim gerne Männer, um am Männerweltmachtkampf teilhaben zu dürfen, auch würden sie lieber im Stehen pinkeln. Weise genug, ihre Chancenlosigkeit erkennend, flüchten sie in die populäre aktive emanzipatorische Rolle. Zugleich werden sie von der aktiv herrschenden Männerwelt als Alibi für Frauenrechte missbraucht. So kann der Schein der Gleichberechtigung der Frauen gesellschaftlich gewahrt werden, ohne Gefahr von Machtverlusten.

Egomane Emanzengenossinnen sind der schwarze Fleck in der Frauenbewegung. Sie verhalten sich unsolidarisch, intrigant, ficken nicht, sind meist kinderlos und exzentrisch intolerant. Kommen sie in die Wechseljahre, wird ihnen bewusst, ihr Fortpflanzungsbedürfnis verweigert zu haben.

Auf dem Höhepunkt ihrer egoistischen Karriere betreten sie mit einem gespielten Überlegenheitslächeln die Talkshows der deutschen Fernsehsender. Die Bühne als Ersatz für kinderlose, einsame Altersrestwechseltage, ihre Show als emotionaler, körperlicher, kommunikativer Ersatz für Familie, Sex und Liebe. In ihnen erstarkt die Überzeugung, dass sie als Frau nie erotisch und begehrenswert auf dieser Welt unterwegs waren. Der Frust der späten Erkenntnis, der Männerwelt in der eigenen Ausstrahlung sowie derer Charakterschwächen mit Gewalt näher gerückt zu sein, lässt die Prominenten unter ihnen, jetzt als materielles Trostpflaster, in den Massenmedien für Damenbinden bei Inkontinenz werben oder in den ersten Reihen von Aufmärschen gegen Transporte von Atomendmüll brüllen. Ihr gedruckter und gefilmter Gesichtsausdruck ist stumpf, unbefriedigt, heuchlerisch, unnahbar und glanzlos. Er ist Ausdruck des verpassten Lebens als Frau, des gescheiterten Lebens für die Rechte von Frauen.

Es sind ihre letzten Bewegungen in der politischen und kulturellen Landschaft, bevor sie sich mit einem vaginal eingeführten Zucchino, aus biologischem Anbau, in ihren pseudo-intellektuellen Frauengemächern aufhängen.

Der Arzt, der den Totenschein ausstellt, kann nur am fast abgelederten Biogütesiegel der Masturbationsfrucht vermuten, das sie vor dem Selbstmord durch Strangulation ihren Höhepunkt erreicht hatte.

Eine traurige Phantasie, passend zu den im Zimmer abgestellten Ölbildern, gemalt von Enzo, Leinwände comichaft gemalter Kneipenszenen mit Menschengruppen trinkender, essender Frauen und Männer. Sie sitzen in den Weltkantinen, Cafés, Studentenkneipen, einfachen Bierschankstuben, an primitiven Holztischen und auf wackligen Stühlen. Die gebotenen Nahrungsmittel werden einfach und spartanisch dargestellt. Vor ihnen sitzende Menschen schauen mit traurigem, mattem, skurrilem Gesichtsausdruck aneinander vorbei. Gespräche unter ihnen sind nicht erkennbar. Kinder sitzen verängstigt unter den Tischen. Sie sehen aus wie eine Klasse von Menschen, die es in der dargestellten Form nicht mehr gibt, die Arbeiterklasse. Enzos Bilder holen eine Ära solidarischer, gleichberechtigter Entwicklung von Wirtschafts-und Sozialpolitik aus dem Vergessen. Es ist die malerische Impression der ausgebeuteten Volksmassen der Moderne. Front und Alltag sind gezeichnet von Resignation und Ungerechtigkeiten. Ihre Kleidung ist zerschlissen, meist zu klein. Gesichter und Hände sind durch harte körperliche Arbeit gezeichnet, zerfurcht, geschwollen. Zum Ausdruck kommt eine große Resignation und Depression einer Gesellschaftsgruppe, die sich trotz harter Arbeit am unteren Ende der sozialen Skala bewegt. Männer sehen wie ungepflegte kraftlose Arbeitsochsen aus. Frauen, dargestellt mit fetten Ärschen, heraushängenden unbekleideten Brüsten und ordinären roten fetten Lippen, hinterlassen den Eindruck von Discounterhuren, die sich am Limit ihres Tätigkeitsalters befinden, ohne Aussicht auf Ruhestandsgelder. Einige schauen mit ihren blasen, müden Augen zu mir als einem ihrer ständig wechselnden Betrachtern. So spüre ich ihre Hilferufe nach gesellschaftlicher, respektabler Integration, nach Anerkennung,

Achtung vor dem, was sie tun, wie sie es tun, unter welchen Bedingungen sie es tun.

Es sind die Völker dieser Welt, die eigentlichen Wertschöpfer, Dienstleister und Bruttosozialprodukterarbeiter, die außer von korrupten Gewerkschaftsvertretern, Scheinlinken und sozialgeschwätzigen roten Parteirhetorikern, von keiner Lobby vertreten werden. Diszipliniert, lebenszeitraubend befreien sie Straßen von Hundescheiße, Dreck und Kotze, leeren Biotonnen, fahren Schweine und Rinder durch Europa, säen und ernten Korn, Gemüse und Champagnertrauben. Sie säubern den bürgerlichen Umweltideologen, liberalen Bürgergruppen mit goldenen Krankenversicherungskarten im Pflegefall den Arsch, entleeren ihre Urinbeutel. Unbeobachtet vom Licht der Sonne, verbringen sie ihre Lebenszeit im Neonlicht der Produktionshallen und Konsumtionsverkaufsparadiesen. Dafür bekommen sie Nahrung, Trinkflüssigkeiten und eine Wohnfickkabine. Das Wasser wird mit zunehmendem Alter immer trüber, das Brot immer härter, ihr Leben immer kontrastloser. So ein Leben ist wie das Wetter, dauerhaft nicht vorhersagbar. Ihre Arbeitskraft ist die einzige Ware, die sie zu verkaufen imstande sind, deren Wert parallel zum zunehmenden Fäulnisprozess der globalen Wirtschaftsvergleiche abnimmt.

So verfallen sie in eine große, leider keine kollektive, Depression um letztlich am Sozialtransferverkehr als Dauerhängematte des sozialen Friedens teilzunehmen, die für sie zielgerichtet installiert wurde. Zunehmende Endsolidarisierung in der Gesellschaft degradiert sie zu Loseren, Schmarotzern und Verlierertypen.

Wirkliche blutsaugende Schmarotzer, die Bonzen, sitzen jedoch in den Eliteclubs der Macht, rekrutiert aus den oberen Regierungsebenen, Interessenverbänden, Sicherheitsdiensten und charakterlosen Führungsunmenschen aus Industrie und Finanzwirtschaft. Luxuriös suhlen sie sich zwischen Kriegs- und Friedensentscheidungen. Die freie Marktwirtschaft hofieren sie als alternativlos, drohen mit der Faschismuskeule oder der Diktatur der stalinistisch geprägten kommunistischen Ordnung. Sie missbrauchen die Vergangenheit für die Rechtfertigung ihrer Gegenwartsentscheidungen, deaktivieren gesellschaftliche positive Veränderungen der Zukunft für die Mehrheit. Es sind die Henker ihrer eigenen Völker.

Die Glorifizierung der freien Marktwirtschaft, vor allem deren pseudodemokratischer Grundordnung verkommt zu einer immer größeren Lüge, die auch irgendwann von den politisch unbekümmerten Mitgliedern der Gesellschaft erkannt wird. Der Totalitarismus des gegenwärtig praktizierten Gesellschaftsmodells verschärft sich mit der zunehmenden Verarmung seiner Werteschöpfer, durch die forcierte Dezimierung ihres eigenen Marktwerts.

Dafür verantwortliche Parasiten fressen sich zukünftig bis in die obere Mittelschicht durchfressen, kontinuierlich absaugend ihre materielle Substanz befallen. Die kleinbürgerliche, konservative Mittelschicht spürt schon heute die Angst vor dem Verlust ihrer Statussymbole. Es ist der Moment, wo sie ihr banales, unlebendiges Zufriedenheitsgefühl verlässt. Leider treiben ihre Angstgefühle sie zu noch egoistischerem, unsolidarischem und politisch verdrossenem Handeln. Dieser kaum wahrnehmbare, schleichende Prozess des Kapitalverlustes der Mittelschicht sowie die darauf folgende politische Selbstentmündigung lässt sie das Gefühl haben, am politisch gesellschaftlichen Leben keine Anteile mehr zu besitzen. Ihre Politikverdrossenheit, die sich zum Politikhass entwickelt, deckelt sich mit dem politischen Phlegma, der auf staatliche Transferleistungen angewiesenen Schichten, als einziges gemeinsames Merkmal.

Ein konservativer, rechter Politikstil wird von der Masse des deutschen Volkes vom Staat gefordert, dieser vor anstehenden Volkswahlen populistisch von ihm bedient wird, um Wahlerfolge einzufahren. Taktisch unmenschlich spielt der Staat mit der Dummheit und Uneinigkeit seines Volkes. Aus dem Morast kleinbürgerlicher Denkmuster gedeihen rechtspopulistische Geschwüre, die aus vergangener stiller Verabredung unaufhaltsam, flächendeckend wuchern. Der Schleim ihres Verhaltenskodex, bedeckt das Land, Europa, die ganze Welt. Synchron gewinnt die Linke Stimmenzuwächse, als neu berufende Wohlstandsbeschaffer, leise vertonend am Gesellschaftstyp nichts ändern zu wollen, um sich an der parlamentarischen

Macht wirksam beteiligen zu können. Durch diesen Fehltritt werden sich nur kurze Erfolge einstellen, nach denen sie sich innerparteilich entzweit und als politische Linke in die Belanglosigkeit abgleiten wird. Da die aus dem Wahlvolk abgeforderten Stimmungsbilder durch die etablierten Volksparteien dauerhaft nicht befriedigt werden können, kommt es zu einer zunehmenden Entkopplung des Volkes vom Staat. Das Volk fühlt sich missbraucht, betrogen, an den Abgrund ihrer materiellen Lebensinhalte gedrängt. Der Staat kann sich auf die Legitimation durch das Volk nicht mehr verlassen, er kann die Volksmassen von oben nicht mehr verwaltend manipulieren. Handlungsprozesse der Untertannen ›wir sind das Volk‹ werden eine durch den Staat nicht mehr zu kontrollierende Eigendynamik entwickeln.

Geschichte lebt von ihrer Wiederholung, in immer kürzeren Zeitabschnitten, da sich die Wiedersprüche in der Gesellschaft, mit der Entwicklung des technischen Fortschritts, zunehmend aggressiver entflammen. Den negativen Blutbildern der Vergangenheit und Gegenwart, tritt der Mensch ignorant, unbelehrbar entgegen. Diesen Verhaltensautomatismus von Dummheit schuldet er seinem Egoismus, genährt durch die absolute Wahrheit der eigenen befristeten Existenz.

Alle anderen Wahrheiten auf dem Weg zum Tod bedeckt der Mensch mit Lebenslügen, aus Angst, von seinen kleinbürgerlichen Zielen abzudriften. Ohne geeinte Anerkennung der Wahrheit ist keine positive Änderung in der Gesellschaft für die Weltvölkermassen möglich. Tendenziell wird die Wahrheit die Lüge in jedem Winkel dieser Welt einholen, ohne sie zu überholen und selektionsfrei exekutieren. Bevor jedoch die Realität die Lüge unwiederbringlich vernichtet, sollten wir uns als menschliche Wesen die Chance geben, sie anzuerkennen, da die Fahnen der Lügen nur durch ›Menschen‹ über alle Kontinente getragen werden. Das individuelle Leben wird durch die Wahrheit als Provisorium entkleidet, scheint farblos, matt, leer, kalt, einsam, als Weg in das ›Nichts‹. Alles ist, alles ist ›Nichts‹. Befreien wir uns aus der Isolation, reanimieren unser Denken und Handeln, aus dem ›Nichts‹, gegen das ›Nichts‹!

Vorausgesetzt, die sich immer indifferenter aufgestellten

sozialen Schichten schaffen es, sich zu solidarisieren, um möglichst schnell respektable, gesellschaftliche Veränderungen einzufordern. In diesem aufgehenden Zeitfenster der selbstbewussten, jedoch noch führungslosen, auch inhaltslosen Forderungen nach einem gesellschaftlichen Umbruch werden die im Hintergrund formierten konservativen sowie linken politischen Gruppen, um ihren Führungsanspruch konkurrieren. Spätestens zu diesem Zeitpunkt muss die bisher gesellschaftlich kaum registrierte ›wahre Linke‹ endlich ihrem intellektuellen Sektierertum entsteigen und dem Volk eine allgemein verständliche Agenda präsentieren, die zur Verabschiedung veralteter, menschlich nicht tragfähigen, Ausbeuterstrukturen beiträgt. Sie muss die Mitglieder der deutschen Gesellschaft entgegen ihrem im Kapitalismus gehandelten Warenwert zu ›Menschen‹ krönen und sie von ihrer geistigen Verelendung als Konsument befreien.

Konservative sind als eine der kapitalistischen Grundordnung verpflichtende Wertegemeinschaft, inhaltlich als politisch-gesellschaftlichen Selbstmordversuch, für eine fortschrittliche Bewegung bloßzustellen, da sie an den Grundwerten des Kapitalismus festhalten, ihn lediglich reformieren werden. Damit wären Ausbeutung, Ungleichheit, Armut, Korruption, Arbeitslosigkeit, Kriminalität und das kriegerische Antlitz der Profitakkumulation nicht annulliert. Es wäre der Kampf des Bürgertums für das reine deutsche Bürgertum, das in der Lage ist, seinen Mehrwert in die Gesellschaft einzubringen. Ein Kampf gegen Minderheiten, gekoppelt an direkt wiederkehrende materielle Erfolge für die steife, gehorsame, unbedenkliche Mitte der Gesellschaft, überwacht und bespitzelt durch noch straffer organisierte Sicherheitsstrukturen. Taktisch schlau, leicht verständlich, bekleiden sie die Oberfläche des existierenden Gesellschaftstyps nur mit braunen, kleinbürgerlichen Tapeten, ohne systemische Änderungen. Der innere sowie äußere Frieden, ein primäres menschliches Bedürfnis, wäre dann nicht weniger gefährdet als in der Gegenwart.

Nur Frieden sichert den Eintritt in die gleichberechtigte menschliche Freiheit, die den Frieden erst konstant ermöglicht. Eine Humangesellschaft kann nicht aus der menschlichen Oberflächlichkeit heraus, sondern aus deren urbansten Inhalten gedeihen.

Enzos Motive in Öl sind ein künstlerischer Anfang, da sie gesellschaftlich-kritische Inhalte integrieren, Missstände verdeutlichen, den Betrachtern ihre Lage bewusst offenbaren. Kunst lebt nicht von Oberflächlichkeit, darf nicht in Parallelität mit der zunehmenden Dekadenz einer Gesellschaft gefangen sein.

Künstlerischer Aktivismus muss sich aus dem unterhaltenden, dekorativen Würgegriff des Imperialismus befreien. Autonom agierend, frei von stattlichen Subventionen, sollten künstlerische Projekte gegen gravierende gesellschaftliche Mängel schrill rebellieren. Ästhetische oder gar vergleichende niedere Ansprüche können mit dieser Aufgabe vernachlässigt werden, da sie nur den imperialistischen Wettbewerbs- und Erfolgsdruck befriedigen. So betrachtet, kann ein ›Jeder‹ sich der Sprache durch die Kunst bedienen, als Dolmetscher seiner Gefühle, Probleme und Träume. Verständlich, naiv, ehrlich dargestellt, für jeden verständlich.

Beste Beispiele dafür sind die von Erwachsenen bewunderten künstlerischen Arbeiten von Kleinstkindern. Sie besitzen noch die emotionale, natürliche, uneingeschränkte Fähigkeit, ohne beauflagte Vorkenntnisse ihre ehrlichen Gefühle in ihren Bildern, später in den ersten Sätzen, zum Ausdruck zu bringen. Es ist ihre ›Art‹, die positiven und negativen Erfahrungen aus ihrem Umfeld anzuerkennen oder anzuklagen. Scheinbar bewährte Existenzmuster, außer den urbanen überlebensnotwendigen Reflexen, sind ihnen unbekannt. Auch kennen sie keine Versagungsängste und Barrieren, die ihrer Entwicklung hemmend entgegentreten. Die Kommunikationsform unserer Kinder in ihren künstlerischen Dokumenten ist gewaltfrei, nicht von Hass, Neid und Lügen geprägt, frei von egozentrischen Tendenzen. Inhaltlich überwiegen Emotionen von Liebe, Trauer, Mitgefühl und Begeisterung. Gleiche Muster sind in künstlerischen Arbeiten von ›geistig Behinderten‹ feststellbar.

Da stellt sich die Frage: › wer sind die wirklich geistig Behinderten einer Gesellschaft‹?

Schaue ich über das Land, über Europa, über den Erdball,

werde ich mit prekären Arbeits- und Lebensbedingungen der Völker, Umweltzerstörung und Kriegen der Großkapitalmächte konfrontiert, die von ›geistig Gesunden‹ inszeniert und geduldet werden. Alles geistlos, unmenschlich, alles Scheiße! Menschen mit ›gesundem Verstand‹ vegetieren in einer Welt, die aus ihrer materiellen Erfolgssucht die große Krankheit des menschlichen Geistes der Massen prägt. Mit zunehmendem Alter erben die Kinder diese Krankheit von ihren Eltern, infiziert von der gesellschaftlichen Wettbewerbsorge und dem Druck der für die Zukunft materiell fundierten beruflichen Ausbildung. Wir erziehen sie zu Lügnern, Heuchlern und Egoisten, zu harten Überlebenskünstlern auf Wellen von Schönheitswahn, materiellen Erfolgssymbolen und dem damit einhergehendem Markenfetischismus. Eltern porträtieren die Zukunft ihrer Kinder in Verlierer und Gewinner, in Erfolgslose und Erfolgreiche, in materiell Reiche und Arme. Sie werden, dabei begleitend durch die Bildungseinrichtungen, zu Pflichterfüllern, Schleimern und Intriganten erzogen, entfernen sich damit von sich selbst, von ihren ureigenen ehrlichen Gefühlen sowie Denkprozessen.

»Du träumst, während ich dein Porträt fast fertig gestellt habe.« »Enzo, mein Traum versetzt mich in die Lage, friedlich, fast unbeweglich, auf deinem Hocker zu kauern.«

Wie auch den in den Prachtstraßen Berlins stehenden, bis zur Unkenntlichkeit geschminkten Schaudarstellern der Pantomimenkunst, ermöglicht wohl nur das Träumen diese Disziplin der Bewegungslosigkeit bis zu dem Moment, wo ein Passant ihnen ein Stück Geld in die vor ihnen stehende Dose wirft. Ihr Traum wird für einen Moment unterbrochen. Geschmeidige, liebevolle Bewegungen ohne Worte mit einem liebevollen aufrichtigen Lächeln sind der Dank an ihre Gönner. Geld wird von oben nach unten verteilt. Nehmer, Geber und Beobachter verharren in diesen stillen Momenten in einem Gefühl der Freude und des Friedens. Alle spüren Spaß an diesem, sicher unbewusst wahrgenommenen, Umverteilungsprozess.

Schön wäre es, diese kleine funktionierende Kultur von der Straße in die große Gesellschaft, in die Welt zu spiegeln. Straßenkünstler träumen in ihren Pausen der Unbeweglichkeit sicher auch davon. Ein Glaubenstraum im Haifischbecken der gegenwärtig existierenden negativen Gefühle. Dieser Umverteilungsakt lässt die Gebenden und Nehmenden aus dem Untergeschoß ihrer Seele heraustreten. Geld würde von der profanen ökonomischen Größe die Wirkung von Glukose annehmen, Glücksgefühle im Gehirn auslösen. Glukose geht wie eine Droge direkt ins Gehirn, mit hohem Suchtpotential. Es wäre der beständige Karneval der Kulturen der Welt. Nur bedarf es dazu der Verschärfung der Gegensätze zwischen arm und reich. Dieser Widerspruch wird sich systembedingt unaufhaltsam weiter aufspreizen. Die Mittelschicht wird je nach ihrer eigenen Stupidität und damit verbundenen Denkweisen in die eine oder auch andere Schicht abdriften. Sie wird sich als soziales Bindeglied und Regulativ zwischen den Extremen selbst eliminieren. Der deutsche Staat als Nationalstaat wird während der weiteren Europäisierung seine Humanfunktion weiter schleichend aufgeben und mit parallel wachsender Globalisierung den Wirtschafts- und Finanzeliten dienen, in der Hoffnung, zu ihnen aufschließen zu können. Getreu dem egoistischem Motto: ›das Leben beginnt nicht nach dem Tod‹.

Mit der zunehmenden Ausbeutung der Dritten Welt werden wir, selbstverschuldet, auch ihre sozialen, kulturellen Probleme importieren. Damit importieren wir Menschenhandel, Terrorismus, Drogenhandel, Waffenhandel, Piraterie, Seuchen und Krankheiten.

Eliten des Kapitalismus transportieren alle Probleme dieser Welt nach Europa, statt sie am Ort ihres Ursprungs humanitär zu bekämpfen und auszulöschen. Dadurch wird die Dritte Welt parallel durch Bürgerkriege, Glaubenskämpfe und durch Invasionstruppen der Westalliierten vernichtet. Als Folge aggressivster Ausbeutung der Natur gesellen sich dazu Umweltkatastrophen, Nahrungsmittel- und Wasserarmut in jeder Form. Die dafür erforderlichen Infrastrukturen sind bereits vorhanden, werden mit außenpolitischen Aktivitäten wie Kriegen, Wirtschaftsembargos, Einfuhrbeschränkungen, Zollrichtlinien und stilloser, meist ökonomisch motivierter politischer Rhetorik durch westliche Machtpolitmenschen weiter forciert. Dann hat die Spaßgesellschaft ihr Lustpotential verspielt.

Wir Menschen sollten akzeptieren, dass jeder Einzelne nur als Staubkorn auf dem Erdball existiert, seine in sich ruhende verkümmerte positive Welt kann der Mensch jedoch nur im gerechten Verteilungsverbund mit allen anderen Menschen als Lebensglück erfahren. Alle gegenwärtigen Kriege in Europa, Asien und Afrika sind Verteilungskriege, bei denen auch deutsche Soldaten, unabhängig davon in welcher Farbe ihre Helme leuchten, beteiligt sind. Kriege der Verteilung materieller Werte von unten nach oben ist beherrschendes imperialistisches Ziel. Deutsche Soldaten fallen wieder in Kriegen, erstmals nach dem Zweiten Weltkrieg. Sie fallen für die Dekadenz der Epoche des Imperialismus, dessen multiplen Krisen sich zu einem Dauerorgasmus kriegerischer Auseinandersetzung um die Weltwirtschaftsherrschaft zentrieren werden.

Einer unserer Hauptfeinde ist der zunehmende, geduldete Faschismus, der in den imperialistischen Regierungslagern seine Brutkästen beherbergt, flankiert durch zunehmende bürgerliche, dumm- egoistische Arroganz gegenüber sozialen Randgruppen, Minderheiten und immer mehr zunehmenden alternativ denkenden Hirnen der Gesellschaft.

Als ein Kind der DDR sind diese Realitäten einer Ohnmacht gleichzusetzen, als menschlich unerklärbare, absolute Wahrheit. Mein Vorteil gelebter Erfahrungen, in zwei grundsätzlich verschiedenen Systemen der menschlichen Beziehungen führt für mich nach der Endtäuschung der Begegnung der kapitalistischen Realität in schier unaufhaltsame Tagesträume, aus denen ich wohl nie erwachen werde, wie so viele meiner ehemaligen Geburtslandbürger. Am 9.November 1989 haben es alle Deutschen versäumt, ihre gemeinsamen und getrennt gemachten Erfahrungen aus der Vergangenheit zu einem weltweit führenden, beispiellosen Gesellschaftskonzept zu vereinigen. Die Chance dafür war lange nicht so nah. Der deutsche Kapitalismus lag zu diesem Zeitpunkt schon auf der Intensivstation. Er ist nur durch die Invasion des BRD Kapitalismus und der Integration dessen ausbeuterischen Strukturen in der DDR für kurze Zeit aus dem Koma erwacht. Dieser diktierten Zwangsadoption folgte die Versklavung von siebzehn Millionen Menschen. Aus der zum ›Tod‹ erklärten Wirtschaftsruine des Sozialismus wurden Milliarden Deutsche Mark generiert und gegenüber den versklavten Brüdern und Schwestern veruntreut. Seitdem hat Deutschland eine Rückwende erlitten.

Heute wird die offizielle deutsche Politik von einem großdeutschen Neonationalismus bestimmt. Die sich aufgegebene sozialistische Staatengemeinschaft, als friedliebendes Gegengewicht zum Wesen des kriegsverherrlichenden Kapitalismus, hat dem welterobernden Imperialismus damit freie Handlungsvollmacht erteilt. Das zwangsvereinte Deutschland trägt damit seinen hohen Anteil an Verantwortung, dem parasitären selbstzerstörerischen Fäulnisprozess der global agierenden imperialistischen Weltordnung vor ihrem Absturz in einen dritten Weltkrieg entgegenzutreten.

Fünf nach null Uhr legt sich ein Schrei über den friedlich ruhenden weißen See. Enzo hält mein zerstörtes, übermaltes Porträt in künstliches Licht. »Herr Lehmann, ich war nicht in der Stimmung, die Ausstrahlung der verträumten Nachdenklichkeit deines Gesichtsausdrucks auf die Leinwand zu übertragen. Fangen wir bei null wieder an, wenn uns das natürliche Licht begleitet. Prost, Herr Lehmann, auf ein neues Porträt.«

Melancholisch, dennoch positiv gestimmt beginnen wir unsere Gläser, im Schatten der Nacht zu heben: »Prost Enzo, auf ein neues Porträt!«

Demächst erscheint
Gedichte und Texte
im komawa
www.komawa.de

Impressum
Copyright 2012 komawa, Berlin
Ingo Lehmann
Alle Rechte vorbehalten
Gesamtgestaltung und Satz: Hubert Riedel
Gesetzt aus der Sabon
Druck: Druckerei Bunter Hund, Berlin
ISBN 978-3-00-037612-2